BÜZZ

Publisher ANDERSON CAVALCANTE
Editora SIMONE PAULINO
Projeto gráfico ESTÚDIO GRIFO
Assistente de design STEPHANIE Y. SHU
Revisão DANIEL FEBBA

Dados Internacionais de Catalogação na Publicação (CIP)
(Câmara Brasileira do Livro, SP, Brasil)

Quintão, Aldo
Histórias para alimentar a alma: como superar provações com amor e fé / Reverendo Aldo Quintão.
1ª ed. São Paulo: Buzz Editora, 2017.
160 pp.

ISBN: 978-85-93156-18-2

1. Amor 2. Contos – Coletâneas 3. Espiritualidade
4. Fé (Cristianismo) 5. Superação – Histórias de vida
I. Título.

17-03485 CDD-270.092

Índices para catálogo sistemático:
1. Histórias de vida: Cristianismo 270.092

Buzz Editora Ltda.
Av. Paulista, 726 – mezanino
CEP 01310-100 São Paulo, SP

[55 11] 4171 2317
[55 11] 4171 2318
contato@buzzeditora.com.br
www.buzzeditora.com.br

REV. ALDO QUINTÃO

Histórias para alimentar a alma

Como superar provações com amor e fé

INTRODUÇÃO

Todos os dias, quando caminho pelo jardim da catedral, iluminada pelos raios de sol, peço inspiração divina para saber o que dizer a cada um que chega diariamente até mim.

São pessoas de todos os lugares, com diferentes histórias, que descarregam suas emoções e sentimentos, muitas vezes sem ao menos me conhecerem.

Essas pessoas trazem o coração ferido e a alma afogada em lágrimas de sofrimento, e carregam cicatrizes difíceis de se fecharem sozinhas.

Meu papel é intervir. Olhar para dentro dessas pessoas e, através dos olhos de cada uma delas, levar uma palavra de paz e um pouco de alimento para suas almas sedentas de conforto. É assim que, normalmente, se faz a troca de amor.

Essas pessoas, por algum motivo, são colocadas em meu caminho para que eu as conforte. Com um olhar tranquilo e um gesto de carinho, ou da maneira que estiver ao meu alcance, naquele momento, levo a elas palavras que trazem paz.

Ainda assim, quando nada parece estar ao meu alcance, o impossível, um milagre, acontece. É quando a fé se encontra com a possibilidade – e desse encontro vem o aprendizado.

Minha vida sempre foi repleta de pequenos milagres. E eles parecem florescer diante de meus olhos à medida que assimilo minha missão. Muitas vezes, estou à disposição de um doente em um hospital, mas Deus me coloca ali para consolar a pessoa do quarto ao lado.

Por isso, observo sempre os sinais. E não fico distante deles. Pelo contrário, deixo ser tocado pelas maravilhas e bênçãos da vida.

Na igreja, costumo alegrar meu coração com o som dos pássaros que gorjeiam entre as árvores frondosas. Quando preciso de um minuto de silêncio, vou até a capela de vidro, que fica próxima a uma pequena fonte de água corrente onde algumas carpas passeiam livremente. É ali que muitos sentem a presença do Divino Espírito Santo. É ali que muitas ideias surgem, que as histórias fazem sentido e que eu as reconto mentalmente para ter um pouco mais de sabedoria e servir a Deus como posso.

O pé de goiaba madura

De tudo que existe de especial e sagrado em meu jardim, uma das minhas maiores riquezas é o pé de goiaba que fica perto de minha sala.

Ah! Esse pé de goiaba não nasceu ali, mas tem muita história para contar.

Toda vez que o vejo, fico imaginando o sabor adocicado daquelas goiabas ao cair do pé, e me lembro que, para que estivessem ali, quase prontas para serem colhidas, elas foram nutridas pelo maior dos amores: o amor de uma mãe.

Todo mundo sabe a força que existe no amor de uma mãe. Ele transpõe barreiras físicas e consegue vencer qualquer batalha emocional. E o coração de uma mãe em sofrimento é a chave para a porta do Céu. Porque a oração de uma mãe rompe as portas do Céu. Não há nada mais poderoso que um pedido de misericórdia vindo de uma mãe.

A mãe é sábia, ela teve o coração preparado durante a gravidez para essa constante insegurança que terá durante a vida dos filhos. E, mesmo assim, ela vive diariamente uma luta constante para que eles tenham o melhor. Mesmo que ainda não tenham nascido.

Uma mãe é capaz de dar a própria vida pelos filhos. É capaz de ir ao Inferno e ressurgir das cinzas novamente.

Dotada dessa condição, de quem havia ido até as profundezas do sofrimento e dele ressurgido, ela chegou.

Era uma tarde de domingo quando aquela mulher entrou na igreja ocupando a missa com seu inconsolável choro convulsivo. Com uma das mãos, ela se apoiava na lombar dolorida, que insistia em pesar-lhe; e com a outra, alisava a barriga, redonda como a Lua, dando sinais de uma gravidez avançada.

Todos ficaram em silêncio. Muitas vezes o silêncio diz mais sobre nós mesmos do que qualquer palavra que possamos proferir. E o silêncio que se fez era um sinal de respeito.

Aquela mulher não precisou pedir respeito ou silêncio. Em sua face, estava estampado o quanto sofria e precisava de ajuda.

Como costumava fazer quando havia uma urgência qualquer, pedi que a missa fosse interrompida por uma música. E o coral entrou em cena, levando alegria para que as pessoas pudessem orar enquanto eu recebia aquela jovem.

Seus olhos não tinham mais brilho. Era como se estivesse cega e sem direção. Como se uma nuvem muito carregada a acompanhasse. E quando nos encontramos assim, não percebemos mais nosso semblante rígido e retorcido pela dor e nossos olhos sem vida.

Perdemos a alegria de viver. E não há nada mais triste do que isso.

– Reverendo, estou vindo agora do médico – disse ela.

Mesmo que se esforçasse para não deixar evidente, havia urgência em suas palavras. Não era necessário que tivesse sido trazida por uma ambulância para que percebêssemos que seu estado era grave.

– Estou grávida de gêmeos.

Respirou fundo, tentando encontrar forças para dizer o que precisava ser dito. Nem sempre conseguimos expressar em palavras aquilo que temos guardado dentro de nós. Principalmente quando as palavras vão nos machucar ainda mais. Quando as palavras vão expor nosso sofrimento ou reiterar que precisamos de ajuda ou de uma solução que não sabemos se existe.

– Eu não aguento mais tirar líquido e fazer ultrassons dia após dia.

Sua expressão ficara ainda mais séria e seus olhos imploravam por uma resposta para o seu tormento.

– Um está perdendo peso – continuou. – Outro ganhando. É como se um bebê estivesse se alimentando do outro. Pela medicina, é certo que um vai morrer. Se eu prosseguir com a gestação, um vai definhar até a morte, necrosar em meu útero, e pode matar não só ao irmão como a mim!

Dito isso, ela parou e me olhou com ar sério: – Mas o religioso da minha Igreja disse que eu não posso tirá-lo. Que eu vou matar o bebê se eu tirar, que preciso confiar e entregar.

Naquele momento, eu estava hipnotizado por suas palavras. O sofrimento que a atormentava era gerado pela culpa que sentia. Ela sabia o que deveria ser feito, mas se sentia amarrada, como se sua atitude pudesse condicioná-la a um sofrimento eterno.

– O que eu faço?

Aquele "O que eu faço?" ecoou pela igreja como um clamor. Era um grito que parecia rebentar os vitrais da igreja. Era aquele clamor de uma mãe que implorava por uma resposta do Céu. Era um pedido de misericórdia, uma intenção profunda de um coração puro, de uma incerteza constante que acompanhava aquela gravidez. Ela tinha o poder de decisão sobre a vida e a morte em suas mãos, contudo não sabia se podia lidar com isso. Era como estar no papel de Deus. Mas sabia o que determinaria o seu destino: a vida ou a morte de um daqueles bebês que estava gerando.

À minha volta, as pessoas que estavam ali reunidas tocavam suas vidas ao som do coral. Elas não podiam imaginar que, diante de mim, havia sido colocada uma decisão importante a ser tomada. Olhei para o altar e pedi a Deus que me instruísse nas palavras, e quando voltei meu olhar para a figura de Maria, senti o que precisava ser feito.

A mulher era inteligente o bastante para saber o que precisava ser feito, e seu coração também sabia qual era a decisão mais acertada, porém o medo do julgamento a corroía por dentro.

Certas decisões precisam de apoio. E ela estava cansada. Cansada de enfrentar aquela dor sozinha. Cansada de se sentir culpada e com medo de fazer algo que pudesse macular sua alma.

– Maria, mãe de Jesus, quando estava diante de seu filho, que morria crucificado, foi até o pé da cruz em resignação. Ela sabia que a morte de seu filho traria a vida eterna para todos os que O aceitassem como seu Salvador. Assim, ela aceitou aquela dor, porque sabia que ela geraria o amor.

Uma faísca explodiu nos olhos daquela mulher, e pude ver um brilho de volta em seu olhar.

– Quem está aí dentro? – perguntei.

Mais uma vez ela passou a mão sobre a barriga, respirou fundo e pronunciou o nome das crianças que estavam sendo geradas:

– Sofia e Joaquim.

Então, perguntei carinhosamente:

– E quem está se alimentando mais?

Ela deixou escapar uma lágrima, que eclodiu num choro.

– O Joaquim.

– Então, você vai fazer o que precisa ser feito – continuei. – Vai fazer o que os médicos a orientaram. E quando o Joaquim estiver grande, ele dirá a si mesmo com orgulho: "Minha irmã me alimentou. Ela aceitou definhar para que eu pudesse crescer".

As lágrimas da mulher cessaram imediatamente. Ela sentiu no coração as palavras que escutou.

– Ela te deu a vida, Joaquim – completei.

A missa prosseguiu – e também a vida daquela mulher. Ela saiu dali convicta de que sua decisão tinha um peso, que era o de cada corpo que habitava dentro dela. E eles mesmos determinariam quem viveria aquela história.

Muitos religiosos insistem em colocar todas as doutrinas e os pecados dentro de uma única cumbuca sem dar importância à especificidade de cada situação. Quem poderia determinar que essa história se trata de um aborto? Como aquela mãe sobreviveria se deixasse que um dos bebês necrosasse dentro de si? Como poderia dar vida e oportunidade para o outro, que se desenvolvia dentro dela, se deixasse tudo por obra do acaso?

Decidida, ela partiu sem olhar para trás.

No dia seguinte, ela seguiu para o hospital para realizar a cirurgia que retiraria os dois bebês de sua barriga na tentativa de salvar um deles. As crianças nasceram e foram imediatamente levadas à incubadora. A aflição daquela mãe, que agira com o coração, já era menor. Ela tinha usado sua sabedoria sem se deixar enganar por quem a julgava.

Podemos julgar a atitude de uma mãe que quer salvar um de seus filhos? De que forma podemos quantificar o sofrimento alheio? Podemos negar a medicina, acreditando que nada aconteceria com os bebês? A fé aliada à profilaxia é uma medida inteligente. Ela traz a confiança de que as coisas podem dar certo, ponderando todos os fatores que podem influenciar no resultado.

Se, dentro da barriga, sabia-se que nenhum dos dois teria mais chance de vida, caso a gestação prosseguisse, por que essa mãe não poderia permitir a uma delas a oportunidade de viver?

Uma semana mais tarde, Sofia não resistiu e morreu.

Enquanto isso, Joaquim crescia com vigor.

Quando saiu do hospital, sentiu que aquela dor seria efetivamente transformada; e, num gesto de amor, visitou a catedral levando as cinzas de Sofia e uma simbólica muda que seria plantada sobre elas.

– Quando o Joaquim crescer, ele e eu ficaremos diante da goiabeira; e, juntos, vamos comer os frutos dela. A mesma fonte de vida que o nutriu na barriga vai nutrir a terra. E poderá nos nutrir também.

Assim como Maria, aquela mãe tinha entendido que um filho cumpria sua missão para salvar o outro. Ela recebera a missão de fazer escolhas, de ser responsável por elas e de fazer o possível para dar o melhor de si para seu filho.

Por meio de seu ventre, nasceram frutos doces, que alimentam a alma de quem ouve a história de Joaquim e Sofia.

Somos frutos da mesma árvore

Éramos sete filhos. Cinco irmãos e duas irmãs.

Nossa infância foi colorida pelo cenário de Taguatinga, no Distrito Federal, onde crescemos com alegria, mas com as limitações que uma família grande impõe. Alegria porque nunca estávamos sozinhos. Tínhamos sempre uma casa cheia de barulho, brincadeiras e surpresas. Uma sensação de que nunca estávamos sozinhos porque crescemos cercados de irmãos. E era essa a doce recordação que predominava em nossas relações.

Existia uma gama de possibilidades a ser explorada naquele lar, e eu raramente retrucava quando algo não parecia tão bem, pois, embora nunca tenha faltado comida na mesa, não podíamos nos dar ao luxo de comer fora. Mas não sentíamos falta daquilo que não conhecíamos. E nem sentíamos a necessidade de criar expectativas, já que todos em minha casa conheciam o sabor de uma boa comida. E minha mãe dominava a arte de cozinhar.

Quando completei 14 anos, minha irmã, que já trabalhava, decidiu que eu ganharia um presente inesquecível: pela primeira vez, eu iria a uma pizzaria.

Não havia como esconder minha alegria. Aceitei o convite sob os olhares curiosos de meus irmãos. Ninguém seria capaz de imaginar o que realmente aquele passeio nos traria. E eu fiquei feliz como só pode ficar um menino que jamais pisou num restaurante.

Eu tinha a impressão de que minha roupa estava exageradamente elegante para a ocasião, embora minha mãe não ousasse dizer uma só palavra. Minha expressão denunciava que eu não estava lá tão confiante com aquele presente.

A partir do instante que saímos de casa, tudo ficou gravado em minha memória. A alegria com a qual caminhamos na calçada; minha curiosidade ao me dirigir à porta daquele restaurante italiano; e o intenso desconforto de não saber o que pedir, já que era tudo tão novo e desconhecido para mim.

– Vocês querem beber alguma coisa? – perguntou o simpático garçom, enquanto eu encolhia os ombros timidamente.

– Sim, claro – respondeu minha irmã, parecendo habituada àquela situação.

Meus olhos percorriam o cardápio, e meu desejo era pedir a ele que me explicasse cada um dos itens, entretanto me contive.

Pedi um refrigerante e entendi finalmente o que era uma *pizza*. Um disco de pão com muçarela derretida por cima.

Aquilo me fazia salivar, mesmo estando longe do forno a lenha, que era alimentado cuidadosamente por um distinto senhor que parecia ser o dono daquele lugar.

Não demorou para que nosso pedido fosse atendido. Minha irmã cortou um pedaço da *pizza* e o colocou no meu prato. Aquilo não durou um minuto. Em seguida, mesmo com a língua queimada por não ter esperado o queijo esfriar, servi-me de outra fatia, com pressa, como se aquele momento pudesse acabar em um instante, e eu acordasse na minha cama, como num conto de fadas em que o badalar dos sinos faz com que o encanto se desfaça.

Não demorou para a *pizza* acabar – e minha irmã dar um sorriso de satisfação que me deixava contente. Ela se deliciava ao ver seu irmão mais novo tão entusiasmado com aquele presente. Eu estava feliz, de fato.

E, uma vez que já estávamos ali, pedimos também uma lasanha. Não que eu ainda estivesse com fome, mas o intuito era satisfazer a curiosidade natural de um menino do interior.

Quando aquele prato chegou, fumegante, abocanhei um pedaço e reclamei que era o sabor de um macarrão cheio de carne. Suponho hoje que eu tenha comido uma tradicional lasanha à bolonhesa.

Ainda consigo sentir o cheiro daquele lugar quando fecho os olhos. E, de todas as experiências que tive na infância e na adolescência, essa é uma das que mais gosto de me recordar, porque ela me faz sentir o quanto pode ser especial uma simples experiência.

Para mim, aquele pouco era muito. E é assim que eu aprendi a me sentir grato pela vida. Cresci sabendo que as circunstâncias nem sempre eram as mais favoráveis, mas que meus irmãos e eu estaríamos sempre presentes um pelo outro.

Sob o olhar atento de meus pais, dois de meus irmãos demonstravam um interesse natural pela atividade de ajudar os outros. Ainda não sabíamos, no entanto eles seguiriam carreira no corpo de bombeiros, e se destacariam pela contribuição que deram naquela região.

Com certa frequência, meu pai nos levava ao seu sítio em Goiás. Era lá que subíamos nos pés de manga, fazíamos arapucas e brincávamos livremente. Certas árvores chegavam a atingir três metros de altura. Mas não medíamos esforços para escalá-las. Talvez minha paixão por árvores frutíferas tenha nascido nesse sítio. E hoje, quando percorro o delicado jardim da catedral, que coleciona os mais íntimos segredos de fiéis que se resguardam ali para fazer pedidos e súplicas, entendo a magia que pode existir numa árvore cheia de raízes.

Minhas raízes são sólidas. E fizeram de mim quem eu sou.

Já mais velho, mudei-me para São Paulo, mas mantive contato com a minha família, sabíamos tudo da vida um do outro. E aqueles meninos, que queriam trabalhar resgatando vidas, conseguiram completar a missão que lhes era destinada. Mesmo quando estão em dia de folga, meus irmãos têm, cada um em seu carro, equipamentos para uma eventual necessidade de ajudar pessoas.

Somos frutos da mesma árvore, e nossas raízes, sólidas, sempre nos fortificaram.

Reconstrução da vida

Então, num certo dia, um desses meus irmãos estava numa festa. Não era uma festa qualquer. Era uma vaquejada, evento tradicional de Goiás, que reúne milhares de pessoas anualmente. Ele estava sozinho, com sua peculiar timidez, e avistou uma moça que estava de costas. Seu corpo escultural, em formato de violão, deixava-o fascinado, e ele logo foi falar com ela.

– Posso falar com você? – perguntou, provocando uma conversa.

Ela se virou. E ele, então, ficou surpreso. Sua expressão era abominável. Segundo ele, indescritível.

– O que aconteceu com seu rosto?

Foi a única coisa que conseguiu perguntar antes de querer saber nome dela. Não que fosse indelicado, mas a espontaneidade e o susto falaram mais alto.

A moça suspirou antes de lhe relatar o ocorrido.

Ela não tinha um dos olhos. No lugar dele, havia um punhado de algodão e gaze. Sua face, do lado direito, era como se não tivesse ossos, e até o queixo havia cedido, fazendo com que tudo ficasse fora do lugar.

Meu irmão se compadeceu pensando que aquela moça sofrera um acidente, mas jamais imaginaria que seu caso era uma raridade que acometia apenas catorze pessoas no mundo todo.

Isso ela contou depois.

Habituada com a reação das pessoas, disse que um fungo entrara em seu olho e devastara tudo. Quando retiraram – o fungo e o olho –, ele já havia descido para os ossos da face, que também foram retirados. Tinha feito todo o procedimento pelo Sistema Único de Saúde (SUS) e não se queixava. Tinha a felicidade de estar viva. E sua vida valia o preço que tinha pagado. Pelo menos era o que ela achava até aquele momento.

Porém meu irmão, que tinha uma sensatez particular – e conseguia decifrar corações –, via que aquela moça, que parecia ignorar a vergonha ao sair de casa, não estava satisfeita com aquele golpe do destino.

– É preciso que você não entenda errado. Mas gostaria de ajudá-la.

Então lhe explicou sobre nossa história familiar e como tínhamos sido criados sempre ajudando uns aos outros. E mencionou meu nome. Disse que eu saberia quem poderia fazer algo por ela.

Quando atendi ao telefone, direto da catedral, levei um susto. Como poderia auxiliar aquela jovem?

Fiquei comovido com a história, e perguntei a ela se não poderia vir a São Paulo. Para isso, acionei alguns contatos. O primeiro deles foi um herdeiro da antiga TAM, de quem eu havia celebrado o casamento. O pedido foi atendido rapidamente, e ele disposto a ajudar, no que fosse preciso, comprometeu-se a emitir as passagens para que ela pudesse viajar sempre que fosse preciso.

Foi assim que ela embarcou pela primeira vez para São Paulo.

Quando estava diante dela, entendi o porquê de meu irmão ter ligado com urgência. Ela era paciente, resignada, e embora muitos acreditassem que aquilo era apenas um problema estético, ele a deixava impossibilitada de fazer muitas coisas – inclusive namorar.

Seu sonho era entrar de branco na igreja. Casar, ter sua família e filhos.

– Então, vamos acreditar em seu sonho! – disse a ela.

Ela ficou exultante. No entanto, em meu íntimo, me perguntava como poderia ajudar essa mulher a reconstruir sua face. Sabia que havia, na cidade de Bauru, um hospital muito bem conceituado, que trabalhava com reconstrução facial. Só não sabia até que ponto aquele caso poderia ser bem-sucedido.

Consciente de que faríamos uma tentativa, ela não resistiu em aceitar as mudanças e sobretudo acreditar em seus sonhos.

Gosto de dizer às pessoas o quanto é preciso ter perseverança, e o coração daquela jovem parecia um terreno fértil para semear sonhos.

Perguntavam a ela de onde vinha tanta tolerância e fé, e ela respondia que confiava em Deus. E se Deus havia feito com que meu irmão a encontrasse, lá no cafundó do judas, é porque a fé dela, de fato, tinha um borogodó.

A primeira providência seria arrecadar o dinheiro necessário para a cirurgia. E eu sabia que uma campanha nas missas de domingo poderia ser eficaz para essa missão.

Então, lá fui eu, munido das fotos daquela jovem, explicar o que pensávamos em fazer por ela. Todos concordavam em ser solidários. E a mágica estava feita. Num esforço conjunto, tínhamos passagens, dinheiro para gastos de hospedagem e a conexão com o tal hospital que faria a reconstituição facial em nossa jovem amiga.

Ela havia confiado em Deus e colocado aos pés de Jesus aquilo que a atormentava. Sua resolução era agir. Jamais pronunciava sequer uma palavra de reclamação ou blasfêmia pelo que lhe acontecera, pois tinha certeza de que não havia nenhum culpado. Mas queria finalmente poder olhar para um espelho sem sentir uma profunda amargura, sem que as lágrimas corressem por seu rosto.

Sua realidade era comovente. E sua força de vontade confirmava meu veredicto – ela teria seu sonho realizado.

Tal perseverança fez parte de sua vida até que ela tivesse toda a face reconstruída.

Foi feita uma máscara, um olho, e, quando nos demos conta, o impensável havia acontecido.

Meu irmão me ligou exultante. Toda a família e amigos daquela jovem estavam em polvorosa com o sucesso das intervenções cirúrgicas.

Hoje, quem a vê na rua, não imagina a bênção divina que ela experimentou, deixando toda tristeza e amargura dos dias em que se privara do convívio social.

Ela estava radiante e feliz.

Depois do sucesso da empreitada, ela não demorou para realizar seu maior sonho – se entregar a um amor. Para isso, abriu as comportas de seu coração, e deixou que a vida refletisse toda aquela gratidão e felicidade que sentia.

Ninguém poderia roubar dela aquela sensação.

Em questão de meses, realizou o maior sonho de sua vida, casando-se com um homem generoso e respeitável, com quem teve um filho.

Ao me lembrar dessa história, sinto gratidão pela dádiva de conviver com pessoas que estão intimamente ligadas ao propósito de ajudar umas às outras, proporcionando-lhes caminhos que as levam a encontrar aquilo que buscam.

O sonho pode ter o cheiro de uma *pizza* ou a felicidade de ver o próprio reflexo em um espelho. O sonho de cada um não se mede por fora. Apenas nosso coração pode entender cada conquista.

Quando acreditamos que aquilo que queremos pode ser nosso, Deus nos coloca o caminho e as soluções diante de nós.

Ele jamais tira uma montanha da nossa frente, mas nos dá uma força danada para que possamos escalá-la.

Disso eu não tenho a menor dúvida.

O peso de um milagre

Nem sempre as histórias começam do jeito que a gente espera, mas essa começou.

Eram duas irmãs que não se desgrudavam. Resolveram até se casar no mesmo dia. Fizeram todos os preparativos juntas, aprovaram nome por nome na lista interminável de convidados. No dia em que entraram na igreja, de branco, para celebrar o casamento, houve uma comoção geral (e um certo cansaço do pai das noivas, que teve de entrar duas vezes pela igreja fazendo o mesmo percurso).

A questão é que elas queriam uma cerimônia cheia de significado – e tiveram exatamente aquilo que queriam. Os convidados aplaudiram emocionados quando elas saíram, vibrantes, e confesso que cenas de amor arrancam fortes emoções. Não consigo ficar imune à energia contagiante de uma noiva recém-casada.

Como os laços com a família se estreitaram, logo fui chamado para o aniversário do pai das noivas e, em seguida, para as bodas dele e de sua esposa.

A família parecia viver um momento intensamente feliz, principalmente pelo anúncio da gravidez de uma das irmãs. Grávida, ela ficou ainda mais encantadora do que quando estava produzida no altar. Sua beleza vinha de dentro e refletia em seus olhos, sempre cheios de carinho, como uma mãe que contempla a doce espera de uma nova alma.

Todavia, inevitavelmente, o bebê nasceu prematuro.

A notícia não era das melhores – o menino nascera com pouco mais de seiscentos gramas e estava na incubadora da UTI neonatal. Os médicos que acompanhavam o caso diziam à ela que havia pouca esperança para o caso.

– Se você tem fé, reze – disse um deles. – Porque a ciência já fez de tudo.

O coração de uma mãe não é capaz de suportar um outro coração frágil e pequenininho, entre a vida e a morte. Mas ela encontrava em si forças e parecia resignada a aceitar o fim da vida de seu filho.

Seu pedido era um tanto quanto especial. Ela queria que eu o batizasse na UTI, já que não queria que ele morresse pagão.

Se há um pedido que me comove é o pedido de uma mãe em sofrimento. Mães são conhecedoras das maiores virtudes que movem os seres humanos. Elas sabem amar incondicionalmente, perdoar; e, em seus corações, repousa uma inquietação constante – até que possam ver seu filho bem. Naquele caso, ela estava resignada. Sabia que os médicos haviam feito tudo o que podiam, e não orava pela cura, mas sim para que acontecesse o melhor para o bebê.

Assim que entrei no hospital, ela me recebeu. Seus olhos estavam inchados, denunciando que ela chorara bastante naquela noite.

Fui encaminhado para a UTI onde fiz a assepsia necessário ao local e vesti uma roupa especial que era obrigatória para quem entrasse naquele ambiente que exigia tantos cuidados. Assim que cheguei perto da incubadora, deparei-me com Gabriel.

A imagem daquele garotinho tão pequenino naquela incubadora era de cortar o coração. As lembranças do casamento de sua mãe vieram em minha mente, assim como a felicidade dela quando dera a notícia da tão esperada gravidez. Tive de conter uma lágrima antes de me aproximar do bebê.

– Você pode me dar água e um algodão esterilizado para que o batize? – pedi à enfermeira que testemunhava aquele momento.

Habituada com o vaivém de bebês recém-nascidos em estado grave, ela me lançou um olhar sereno. Parecia ter a sabedoria necessária para entender a transitoriedade da vida e lidar com sentimentos opostos: a felicidade de pais que saíam com seus bebês vivos e saudáveis dali, e o sofrimento intenso daqueles que nunca os levariam para casa com vida.

A incubadora tinha um local específico onde as enfermeiras podiam colocar a mão para manipular os fios. Com cuidado, coloquei minha mão ali para batizá-lo e recostar o algodão sob sua testa. Conforme toquei a testa de Gabriel, pela primeira vez, não sei se pelo toque ou pela sensação causada pelo algodão embebido em água, ele abriu os olhos.

Todo o meu corpo ficou arrepiado. Era inesperada aquela reação. Eu o observava e conseguia ver seu pequeno coração batendo por dentro do corpo frágil. Quando o toquei pela segunda vez, sua pequena mão, que mal podia segurar meu dedo mindinho, pegou a ponta de meu dedo – com força. Seria reflexo? Seria um sinal?

Enquanto segurava meu dedo, ele me olhava, como se desnudasse minha alma.

E aquele evento era de uma emoção transformadora. Eu estava habituado a pequenos milagres cotidianos, eles sempre me mostravam a força de Deus.

Batizei-o, e quando ele fechou os olhos, soltei seu dedo e saí da UTI. Tinha uma certeza, uma convicção. Algo dentro de mim dizia que eu precisava expressar algo que estava dentro de mim.

A mãe de Gabriel me aguardava do lado de fora da UTI. Olhei em seus olhos, tão parecidos com os de seu filho, e afirmei, convicto:

– Eu fiz o batizado... Mas ele não vai ficar aqui. Eu vou batizá-lo na igreja.

Ela abriu um sorriso e começou a chorar, aliviada. Era um choro acompanhado de um riso que não cessava. Era uma vontade de acreditar naquela certeza, mas que vinha mesclada com o medo de uma decepção. Era um choro de esperança alimentado pela fé. E fé ela tinha de sobra.

– Por que você diz isso? – ela me perguntou gaguejando.

– O olhar dele me disse tudo – concluí.

Sua expressão ficou mais leve. Ela cerrou os olhos enquanto segurava minhas mãos, e tentava conter o choro, mas eram lágrimas diferentes. Lágrimas emocionadas. Lágrimas que acreditavam no poder de Deus e no poder da vida.

Movida por essa fé, ela passou a acreditar. Não havia uma pessoa naquele hospital que duvidasse que ele sairia vivo, tamanha a convicção que aquela mãe passou a apresentar. Dizia aos médicos, aos enfermeiros e até para as outras mães que seu filho sairia vivo dali, e que ela o batizaria na catedral.

As semanas foram se passando e ela foi acompanhando apaixonadamente a evolução do Gabriel. Cada grama que ele engordava era uma celebração. Cada segundo de vida era uma dádiva. Era o tempo que ela tinha com ele. E isso era precioso demais para ser desperdiçado.

Quando não sabemos o tempo que ainda teremos ao lado das pessoas que amamos, valorizamos cada minuto da companhia delas.

Certo dia, logo após uma missa, recebi uma mensagem: ele estava mamando. Havia saído da incubadora e já podia ficar nos braços da mãe. Lembro-me de que, diante do altar, fiquei imaginando a força de Deus. A força da vida e a força da fé. E, principalmente, a força do amor de uma mãe.

Uma mãe é a maior fonte de amor que existe na Terra. Uma mãe é capaz de dar a vida por seu filho. Capaz de se doar inteiramente para que aquele fruto, que nasceu dela, tenha a vida que nasceu para ter.

Uma mãe é a prova maior de que Deus é amor.

Eu me sentia inundado por uma felicidade indescritível com aquela notícia. Era uma graça concedida por Deus, uma prova de fé, que me fazia acreditar cada vez mais em milagres.

Os milagres são reais, feitos de sonhos e esperanças. Eles podem ser tocados, presenciados. E no dia em que Gabriel saiu do hospital, passei a chamá-lo de meu milagre.

No dia em que ele finalmente entrou naquela igreja, nos braços de sua mãe, para ser batizado, não pude conter a emoção. Seus pais estavam vibrantes, e eu podia apostar que estavam ainda mais felizes do que no dia do próprio casamento.

A bênção daquela vida, que havia sido confiada a eles, estava ali.

E aquele foi apenas o primeiro episódio do encontro de Gabriel com Deus. Depois disso, ele passou a andar, falar, frequentar a igreja, onde fez sua primeira comunhão. E vez ou outra, quando não vai bem na escola, ele me procura para conversar.

Sempre que o vejo correr em busca de ajuda, lembro-me daquele olhar. Como se ele quisesse ressaltar para mim que milagres existem.

A fórmula do amor

Muitos dizem que possuem princípios morais. Outros dizem que apenas sentem repugnância de certas atitudes.

Eu posso admitir que o que me causa horror é ver pessoas em estado de vulnerabilidade sendo intimidadas e tolhidas em sua liberdade individual.

Já fui tomado pela tristeza, algumas vezes, quando soube de certas situações que expressavam aquilo que eu repugnava – a expulsão de indivíduos do convívio religioso simplesmente por assumirem quem são.

É uma pena constatar que muitas pessoas, quando mais precisam de acolhimento, são renegadas e até mesmo expulsas de templos que se dizem acolhedores. E isso faz com que minha alma se encolha e seja dominada pelo medo da intolerância.

Quem determina quem é digno de amor? Quem nega amor, não pode ser capaz de acolher.

Aos 12 anos de idade, ele começou a sentir um ligeiro mal-estar na igreja onde frequentava. Percebia que era diferente de seus amigos. Enquanto todos ficavam bem com meninas, ele se sentia em paz quando estava entre meninos. Mas era uma paz diferente da que estava acostumado. Era uma paz que causava transtorno, porque ele se culpava por isso.

Então passou a brigar com ele mesmo. Achava que estava errado, que aquilo era feio. Que a sensação provocada por estar ao lado de pessoas do mesmo sexo deveria ser reprimida. E começou uma luta constante e interna.

Não sabia compreender seu sentimento.

Aos 13 anos, ele resolveu que confessaria tudo que estava sentindo ao padre de sua igreja. Esperando palavras de conforto, ouviu gritos de reprovação. O padre repugnava aquele ato e o fazia sentir-se pior. Era quase como uma ameaça para a sociedade, um vírus, uma aberração.

Depois de ser recriminado, ouvindo que aquilo que sentia não era de Deus, começaram as grandes batalhas internas. Estava errado. Só podia ser.

Tinha feito um juramento para si mesmo – queria seguir as regras da Igreja. Contudo, na retrospectiva que fizera de sua vida, não encontrava lógica para o próprio comportamento. Proibia a si mesmo de sair, como se fosse amenizar aquele conflito. Tinha pesadelos monstruosos que o enchiam de culpa, e aquilo se tornava insuportável à medida que os renegava à sombra.

A infelicidade ganhou outros tons. Inquieto, tentou fugir de sua natureza e buscar outras religiões que o acolhessem. Não se sentia bem em nenhum lugar.

Desse modo, fugia de si mesmo, recusando a se aceitar.

Costumo dizer que, quando temos um problema, podemos ir do Oiapoque ao Chuí e, ainda assim carregamos o problema conosco. Onde estivermos, ele também vai estar, dentro de nosso coração, exaurindo nossas energias.

Para ser feliz, é preciso encarar as coisas. E a aceitação é fundamental para que tenhamos paz. Enquanto estivermos aflitos, acreditando que somos portadores de defeitos que são impostos pela sociedade, não conseguiremos dissipar essa nuvem escura, e a carregaremos para onde formos.

Um de meus trechos favoritos da Bíblia diz respeito à aflição dos oprimidos.

Sabemos que Jesus não julgava os oprimidos, nem os aflitos, mas os acolhia com amor incondicional.

> *Vinde a mim, todos os que estais cansados e oprimidos, e eu vos aliviarei. Tomai sobre vós o meu jugo, e aprendei de mim, que sou manso e humilde de coração; e encontrareis descanso para as vossas almas. Porque o meu jugo é suave e o meu fardo é leve.*
>
> *Mateus 11:28-30*

Todos os dias, quando entro na catedral, peço sabedoria. Sou convocado constantemente a falar de assuntos que provocam polêmica, porque tenho uma opinião diferente de outros religiosos – para mim, não há pecado na homossexualidade. Essa pessoa que decidiu viver sua sexualidade, seja ela qual for, não deve ser julgada ou condenada por ninguém, e me parece excludente demais selecionar quem pode se sentar conosco na mesa para a comunhão.

Por isso sou categórico ao afirmar que todos são bem-vindos na Casa de Deus. E isso me emociona, porque há muitas pessoas que se submetem a tratamentos com requintes de crueldade, fazendo com que carreguem um fardo pesado em suas vidas. Mas, quando se aceitam e se amam, elas podem reencontrar a felicidade.

Me apavora pensar que uma mulher que é espancada pelo marido ou moralmente violentada seja refém de seu algoz e condenada a viver ao seu lado, sob a pena de ser excomungada.

Tenho pavor em pensar que muitas pessoas com risco de morte, que precisam retirar fetos de seu ventre, sejam julgadas em vez de acolhidas.

Esse, certamente, não é o ensinamento de Jesus.

Sempre ressalto que Deus quer que sejamos felizes – a alegria é um dos bons remédios para que toquemos nossa vida.

Por isso gosto do bom humor. Ele faz as pessoas rirem – e se rir é o melhor remédio, rir de si mesmo é como aceitar a si mesmo sem cobranças demais. É entender que estamos aqui de passagem, e que temos como premissa construir uma vida de felicidade com dignidade e amor ao próximo.

Certo domingo um casal de rapazes se ajoelhou diante do altar na hora da comunhão.

Devo confessar que não sabia o porquê daquela comoção, mas logo entendi o que os afligia. Estavam emocionados.

Suavemente, coloquei a mão na cabeça deles e disse que Deus os amava.

Comecei a compreender o efeito poderoso que a aceitação tinha na vida das pessoas. E não havia nenhum motivo para desqualificá-los. Pelo contrário.

Enobrecia aquele gesto de coragem, e queria realmente que se sentissem acolhidos.

Foram necessários alguns segundos para que explodissem num choro convulsivo. Eles lavavam a alma de todo o pesar, de toda a culpa, e entendiam que não estavam condenados a carregar nenhum peso.

Eu conseguia sentir a vibração daquelas almas.

Embora sejamos todos feitos do mesmo material, alguns são dotados de maior sensibilidade. São aqueles cujas emoções precisam ser descarregadas e demonstradas.

Acabei compreendendo que estavam sedentos de compreensão e carinho, e eles permaneceram ajoelhados, agradecendo com absoluta emoção por aquele momento.

Eu estava ansioso para recebê-los e conversar com eles, salientando que seriam sempre bem-vindos. E assim que a celebração terminou, vieram até mim para agradecer.

– Não precisam se esconder – avisei.

Eles me examinavam com atenção, e um deles me disse, com voz grave e pensativa:

– O senhor sabe que, depois de dez anos... Dez anos de dor, escondido, mentindo para a minha família, levando uma amiga e dizendo que era a minha namorada... Dez anos de escuridão e medo por ser quem sou, eu comunguei?

Ficamos ali, conversando com descontração e, passado um tempo, ele se sentiu mais leve.

Existem Igrejas de todos os tipos e cultos das mais variadas religiões. Não existe apenas um tipo de alma que pode entrar na catedral. Todos são acolhidos e fazem suas contribuições e preces voluntariamente.

Acredito que a leveza e o riso podem unir as pessoas, e isso não compromete o conteúdo de meu discurso ou invalida minhas ações.

É por meio de atitudes de caridade, amor ao próximo e acolhimento que converso com Deus e O escuto, entendendo em que posso ser útil a cada pessoa que chega até mim.

Ao longo dos anos, acabei compreendendo que aquilo que nos humaniza nos aproxima. Que devemos assumir quem somos, nosso temperamento e atitudes, e quando somos autênticos podemos desfrutar da transparência de todos que estão à nossa volta.

Hoje sou capaz de enxergar a dor de cada coração, e fico frente a frente com pessoas que, diariamente, me apresentam situações desafiadoras. Se eu não puder sustentar esse peso com leveza, jamais me aproximaria das pessoas. E não estou falando de uma aproximação triste e melancólica ou de gestos artificiais. Estou falando de agir com simplicidade. Isso nos traz uma nova perspectiva da vida.

Muitos pedem conselhos e querem escutar coisas que jamais serão ditas por mim.

– Se tem uma montanha diante de nós, Deus vai retirá-la? – quis saber, certa vez, uma fiel durante a missa.

Esclareci que aquilo era uma grande mentira. Que precisamos lutar, subir e atravessá-la.

Portanto, se rezamos "livrai-nos do mal", mas continuamos convivendo com o agressor dentro de nossa casa, sem destrancarmos a porta e sairmos, estamos parados no sofrimento.

A fé nos move? Sim. Mas você precisa fazer a sua parte.

Você precisa se aceitar e aceitar a verdade das pessoas que estão ao seu redor.

Há pessoas que não querem enxergar a realidade mesmo que ela esteja escancarada diante de seus olhos. Portanto eu lhes digo: você vive melhor com a verdade. Jesus sabia disso. E Jesus acolhia a verdade.

Acolhimento e amor jamais nos distanciarão de Deus.

O bolo feito sob encomenda

Era uma criança adorável que me trazia uma fatia de bolo todas as vezes que visitava a catedral. Cada bolo era como um pedaço do Céu. Os sabores eram sempre surpreendentes e deliciosos.

Certa vez quando ela chegou, depois de me entregar o bolo, eu disse a ela:

– Nossa, você faz cada bolo delicioso!

Ela, com seus 7 ou 8 anos de idade, respondeu:

– Não sou eu quem faz. É minha mãe que faz. Minha mãe faz e vende.

Respondi imediatamente que eu queria comprar. Ela negou o pedido. Disse que para mim a mãe não venderia o bolo, e que ela sempre traria os sabores que eu quisesse.

Um tempo depois, notei que a mãe sumiu da igreja repentinamente.

Os dias se passaram, sem bolo. Até que em um dia as vi ajoelhadas aguardando a comunhão.

Logo avisei:

– Estava com saudade de vocês! Cadê o meu bolo?

Nesse instante, a mulher começou a chorar. Fiquei constrangido com a pergunta, e a menina se antecipou na resposta:

– Minha mãe não pode mais fazer bolo. Ela escorregou e caiu em cima da mesa de centro de casa, e o vidro entrou no braço dela – explicou.

Tinha perdido a sensibilidade e o movimento, e não era mais capaz de produzir bolos para vender, impossibilitada de mexer o braço que usava na execução das receitas.

Olhei fixamente em seus olhos e falei:

– Vai dar certo.

Em seguida, perguntei a elas se poderia contar essa história durante a missa, e ambas concordaram que sim.

Em certa altura da cerimônia, pedi a elas que ficassem de pé. Elas se levantaram, todos dirigiram seus olhares a elas, e contei a história que sabia sobre mãe e filha.

Acredito completamente no poder da oração. Acho que, quando estamos reunidos, a oração tem ainda mais força. E quando oramos com um propósito em comum, a fé se intensifica e é amplificada.

– Vamos orar por elas? – pedi.

Todos concordaram.

Cantamos um hino para elas e, ao término da cerimônia, elas foram embora.

Alguns domingos depois, a mulher apareceu novamente na igreja, e levantou o seu braço.

– Estou mexendo o meu braço! – disse.

Fiquei surpreso, e ela continuou, sorridente.

– E estou mexendo a minha mão!

Eu levantei os braços aos Céus e perguntei:

– O que isso significa?

Seu rosto ficou iluminado, e eu continuei: – Que em breve teremos bolo!

O amor do Pai

Quando ela entrou na igreja, não se ouvia nada além de seu choro convulsivo. Da minha sala eu não podia vê-la, porém conseguia ouvi-la se aproximando a passos lentos, como se carregasse uma grande cruz.

Assim que se posicionou diante da sala, eu já estava a postos.

Diante de mim, uma mulher cujos olhos estavam esbugalhados de tanto sofrer. Enquanto uma mão tentava segurar os soluços com um lenço improvisado que limpava as lágrimas inutilmente, a outra mão se acomodava sobre a lombar, como se para segurar o peso da grande barriga.

Ela estava grávida, e parecia que enfrentava os meses finais da gestação.

Também a acompanhava um casal, que aparentava ser seus pais, igualmente com os rostos desfigurados pelas lágrimas.

Pedi que ela entrasse e que o casal esperasse do lado de fora.

Não conseguia imaginar o que teria acontecido àquela jovem.

Enquanto se acomodava, tentando encontrar uma posição que deixasse sua barriga confortável, ela dizia que eles eram seus sogros.

Aos poucos, foi acalmando a voz, e conseguiu dizer o que a levara ali.

Grávida de oito meses, ela morava no interior com o marido. Ambos tinham o seguinte combinado em suas rotinas: pouco antes de o marido chegar em casa, ele ligava para pedir a ela que aquecesse o jantar no micro-ondas, pois já estava a caminho.

Assim, ela já aquietava sua ansiedade, pois conhecia os trechos de estrada que o marido pegava diariamente.

Só que, em uma noite, após a ligação do marido, algo mudou. Ela aqueceu o jantar dele, um frango caipira com batatas e arroz, que ele gostava, e foi aguardá-lo na sala.

Logo, o sono provocado pela gravidez a venceu e, enquanto se deitava para repousar e aguardá-lo, pegou no sono. Era um sono profundo, que a refazia e a afastava do que estava acontecendo na vida real.

Ele não havia chegado.

Quando acordou, no meio da madrugada, sentiu uma pontada de desespero. O celular dele acusava estar fora de área, e ela não sabia a quem recorrer. Acionou os amigos, que se comoveram com a situação, já que ela estava com a gravidez avançada. Todos saíram em busca dele. Percorreram hospitais, delegacias, funerárias, cidades vizinhas e nada. Nenhum indício do paradeiro do marido, que dissera "eu te amo", quando parecia estar perto de casa.

As horas foram se passando e, no final do primeiro dia de buscas, seu coração apertou. Ela intimamente sabia que poderia ter acontecido algo, mas ainda lhe restava uma ponta de esperança.

O segundo dia trouxe ainda mais agonia. Nenhuma notícia, os policiais não conseguiam encontrar qualquer pista, e mesmo com a patrulha de amigos envolvida nas buscas, ninguém ousava dizer onde estaria o pai daquela criança que repousava no ventre da esposa.

Quando conseguiram quebrar o sigilo telefônico, encontraram o local onde havia sido feita a última ligação, e fizeram aquele percurso repetidas vezes. E nada encontraram.

Até que, no quinto dia de dor e sofrimento, um policial, que fazia a ronda naquele local no dia do desaparecimento, veio a público dizer que havia sido encontrada uma capivara atropelada na pista.

Todos partiram para realizar buscas naquela região. Ali próximo, num lago perto de um vale, o carro ainda conservava o corpo de seu marido, com as mãos no volante e com o cinto de segurança.

Assim que recebeu a notícia devastadora, ela ficou sem rumo, e, por algum motivo, lembrou-se de que o marido gostava de visitar um padre alegre que contava piadas quando vinha a São Paulo. O padre a quem ele se referia era eu.

Enquanto ela contava seu caso, meu coração se apertava e, intimamente, eu implorava:

– Deus, ajude-me. O que eu falo para essa moça? Responda a ela por meio de mim.

Em algumas situações, quando não sei o que dizer, tenho por hábito pedir auxílio para que as palavras certas sejam colocadas em minha boca.

Ela terminou de contar a trágica história, e eu segurei suas mãos, olhando fundo em seus olhos:

– Olha, os pais dele estão aí fora. E eu vou te contar uma coisa. Você vai criar esse filho sem trauma nenhum. Você terá um marido e vai se casar novamente. Mas esse pai e essa mãe jamais terão outro filho.

Ela parou de respirar por um segundo, como quem se dá conta de que o sofrimento dela era grande, contudo não tinha notado que os pais dele estavam tentando controlar as próprias emoções para preservar a saúde dela e do bebê.

– Eles precisam de você – concluí.

Daquele dia em diante, iniciou-se a jornada daquela mulher dentro da igreja. Ela, o sogro e a sogra passaram a frequentar as missas no intuito de encontrar uma forma de amenizar e redirecionar a dor que sentiam.

Para eles, a criança era a materialização da continuidade do pai. E havia não só traços genéticos que comprovavam isso como uma herança que ninguém jamais conseguiria explicar.

À noite, antes de dormir, quando aquele menino sorria, ela sabia que não estava só.

O amor só multiplica. Não divide.

A força daquele amor a sustentou. E atraiu mais amor para perto de si.

No dia em que ela me apresentou seu namorado, quatro anos depois, de mãos dadas com seu filho, fiquei refletindo sobre como as dores se transformam ao longo do tempo. O tempo vai ajudando a curar as feridas, e a pessoa vai encontrando algo que possa preencher aquele vazio deixado por quem se foi.

Até que, certa tarde, ela entrou novamente na catedral, acompanhada de seus ex-sogros. Seu semblante não lembrava, nem de longe, aquele que eu vira da primeira vez que ela estivera ali.

Agora, em vez de anunciar a dor da morte, ela vinha anunciar a chegada de uma nova vida.

Estava novamente grávida.

Deixe o passado onde ele está

Dor todo mundo tem. Não existe uma só pessoa no mundo que seja imune a ela. Não somos iguais, entretanto sofremos em menor ou maior escala.

Em certas noites, tudo dentro de nós nos transforma. Nos tornamos novos quando, de repente, uma arrumação se faz dentro da gente. É quando nos libertamos da dor, e entendemos por que elas entraram sem pedir licença. E aí nos dedicamos aos pensamentos que nos enobrecem. Olhamos em direção ao futuro com gratidão e perseverança.

Através do tempo, que não passa indiferente, é que recomeçamos, e subitamente entendemos o significado das quedas que nos prepararam para as vitórias.

É importante entender que cada momento de dor traz um significado. Todos somos capazes de nos beneficiar do aprendizado de momentos que nos fizeram estagnar. Mas, mesmo assim, muita gente não consegue se libertar do desespero provocado pelo sofrimento. São pessoas que perdem o combate diariamente e não são capazes de virar a página ou mudar em relação às próprias atitudes, procurando encarar a vida com outra compreensão.

Por meio da minha experiência, acompanhando casos de pessoas que estiveram diante de mim, lavando suas feridas e tentando cicatrizá-las, transformando-as em algo produtivo, para que pudessem ser transmutadas, percebo que também existem pessoas que se apegam à dor.

E o apego à dor é bem pior que a dor em si. Ele camufla a carência e reforça a eterna necessidade de nos sentirmos vítimas para recebermos uma atenção especial.

Muita gente recomeça dia após dia. Chegam à catedral e trazem seus testemunhos, generosamente, na tentativa de inspirar outras pessoas a encontrar a porta de saída para seus sofrimentos e emaranhado de problemas.

Embora a dor tenha seu papel, muitos naufragam nela. São aqueles que conseguem mudar as condições de vida, mas vivem se fazendo de coitados, porque querem ter a atenção do outro.

Temos de perceber que não há nenhuma virtude em se comportar como vítima. Isso é muito diferente de ser resignado ou paciente na dor.

Foi por causa da história de uma mulher que comecei a enumerar os casos de pessoas que viam o tempo passar sem conseguir acompanhá-lo.

Quando ela chegou até mim, colocava a mão na lateral do corpo e na região da vesícula, dizendo, com uma voz sofrida e apagada:

– O senhor não sabe o que eu sofri com essa cirurgia que fiz!

Fiquei comovido e disse que sentasse. Pedi um chá para que pudesse aliviar seu incômodo e ela disparou a falar, sem pedir licença: – Nunca vi um anestesista tão sem educação. Ele furou meu braço sem nem falar comigo. Você acredita nisso?

Arregalei os olhos enquanto ela metralhava os demais membros da equipe médica: – E os assistentes, então? Horríveis! Os auxiliares de enfermagem ficavam batendo papo, e o médico e o instrumentador, então, nem se fale!

Deixei que desabafasse, ela tomou um pequeno gole do chá e prosseguiu:

– E o pós-operatório? Imagina só que meus filhos nem se deram ao trabalho de me visitar? Meu marido não queria ficar como acompanhante. Foi uma luta!

Naquele momento eu me sentia penalizado diante daquela pobre senhora. Percebi que, apesar das queixas, ela parecia ter chegado ali com certa facilidade e fiquei curioso.

– Em que dia a senhora operou? – questionei, preocupado com a cicatrização dos pontos.

Ela se ajeitou na cadeira e disse, sem pudores:

– Nesta semana, completa 25 anos que eu fiz a cirurgia.

Fiquei boquiaberto. Em 25 anos o relógio estava parado para ela, como se aquela cena se repetisse. Em 25 anos ela estava sendo operada todos os dias.

Como uma pessoa pode recorrer à mesma dor todos os dias? Relembrar da mesma aflição todos os dias? Vivenciar a mesma experiência traumática dia após dia? Qual o sentido de fazer isso? Seria uma automutilação? Uma necessidade inexplicável de receber atenção?

Tem uma frase que uso há anos e falo para algumas mulheres.

Com certa frequência, presencio mães de família que se separaram dos maridos, todavia continuam invocando a presença do ex-marido na mesa com a mesma frequência. Elas o levam para o café da manhã, invocam a sua presença no almoço e colocam seu nome na mesa de jantar. Elas falam o nome daquele cidadão repetidas vezes, sempre relembrando episódios que trouxeram insatisfação.

Elas são absolutamente incapazes de seguir em frente. Continuam segurando aquela dor, agarrada a ela, imóveis, olhando pela fresta da porta, imaginando como seria se eles tivessem sido diferentes.

Depois, lamentam-se. Fazem gestos de que desaprovam a conduta do ex-marido, mostrando que não conseguem fazer com que eles desapareçam.

Elas alimentam fantasmas, dia após dia, sem romper com o círculo de dor e sofrimento.

Convencidas de que a reclamação não é vexatória, trazem, em doses homeopáticas, pequenos ruídos que se transformam em gritos explosivos de amargura e raiva.

Para que alimentar isso? Para que continuar escrevendo no mesmo caderno?

O que digo sempre para quem se divorcia é: – Por favor, já que vai se separar, separe-se de verdade.

E pergunto: – Onde, na Bíblia, Jesus manda amar o ex-marido? Mostre-me um trecho ou citação.

O que ele diz é que devemos amar o próximo.

Normalmente, quando digo isso durante as missas, acerto em cheio o coração de mulheres que vivem anos de dor e sofrimento, reclamando da conduta de seus ex-maridos que nem fazem mais parte de suas vidas. Assim como aquela senhora que insistia em relembrar o sofrimento causado pela cirurgia, essas pessoas fazem de tudo para sentir a mesma dor dia após dia, sem se dar conta de que estão criando novas feridas, ressuscitando dores que já deveriam ter sido curadas e sofrendo de novo cada vez que relembram os episódios que insistem em recontar.

Dor todos temos, sem exceção. O tamanho da dor é com a gente.

É só fazer a experiência do cinema para perceber como somos impactados pelas imagens externas. Desafio você a ficar ao lado de fora de uma sala de cinema, aguardando que as pessoas saiam da sala. Se for um filme de romance, a cena será mais ou menos a mesma: as pessoas sairão abraçadas, carinhosas, sensíveis e amáveis, transformadas pelas sensações causadas pelas duas horas de filme a que acabaram de assistir.

Experimente estar ao lado de fora da sala de cinema quando saem de um filme de ação: estão mais alertas, desconfiadas, parecem cheias de adrenalina.

No entanto, se você for observar as pessoas saírem de uma sala de cinema em que foi exibido um filme de terror, e por acaso assustá-las na porta, elas sairão correndo como nunca o fizeram em suas vidas.

Basta assistir a um filme de terror em casa à noite, sozinho, para notar o efeito disso. Você é capaz de discernir o barulho do respingo de uma torneira que fica dez andares acima do seu. Essa autossugestão que geramos para o nosso cérebro pode ser benéfica ou maléfica. E isso prova que podemos ser condicionados e podemos condicionar nosso cérebro a pensar de determinada maneira, calibrando-o na direção que queremos seguir.

Precisamos nos condicionar, por meio da fé e da espiritualidade, a descobrir onde vai brotar o amor naquela dor que tivemos.

Isso é importante.

E parar, de uma vez por todas, de cair em ciladas da autossugestão.

É comum, durante as missas, eu passar a mão pelo corpo e as pessoas me perguntam o porquê. Eu logo brinco: – Pra sair a inveja e a "nhaca". Elas rebatem: – E funciona? – E eu completo – Se você acreditar, sim.

Aquilo que a gente dá de alimento para nosso cérebro tem um efeito bombástico. Por isso, temos de olhar bem para o que sugerimos a nós mesmos, aquilo que consumimos como informação e crença.

Certa vez, passeando num vilarejo, uma cigana pegou minha mão e disse que, se eu lhe desse uma moeda, ela me daria um papel onde estaria escrita uma pista para meu futuro. Dei-lhe a moeda, e ela pediu que eu ficasse atento.

Na esquina seguinte, uma outra cigana me presenteou com uma coxinha de frango, e eu aceitei de bom grado. Quando mordi aquela coxinha, o que tinha dentro dela me deixou estupefato!

Se você pensou no pedaço de papel, se enganou. Era frango desfiado mesmo.

Quando conto essa história na missa, muitas pessoas gritam "o papel!", antes mesmo que eu termine a frase.

Vejam o poder da autossugestão. Conseguimos ver o que queremos, onde queremos, mesmo que esse lugar seja absolutamente improvável. Acabamos buscando provas que comprovem aquilo que queremos provar a nós mesmos.

Por isso, se é para acreditar em algo, acredite que Deus não quer te ver sofrer. Que ele quer te ver alegre, feliz, e virando a página a cada dia.

E quem não tiver cometido nenhum pecado, que atire a primeira pedra.

Peça e receberás

Era uma quarta-feira nublada.

Não que o Sol não quisesse dar o ar da graça naquele dia. Provavelmente ele estava ali, escondido entre as nuvens, mas quando aquela mãe entrou com sua filha carregando o peso do sofrimento em suas costas, ele se curvou em respeito à sua dor. Parecia injusto com ela qualquer sinal que trouxesse alegria, enquanto ela sentia seu coração dilacerado com as feridas expostas.

E feridas expostas doem, ardem. Incomodam. Parecem chagas vivas que escancaram nosso sofrimento mais profundo.

Foi essa sensação que tive ao vê-la entrar na paróquia. Estávamos num grupo de oração e, mesmo concentrado, notei que ela fez questão de se sentar separadamente. Tinha o corpo encurvado, uma saliência das veias no pescoço denunciava uma tentativa de disfarçar o nervosismo.

Sua filha usava uma máscara de proteção no rosto, e aquele semblante sofrido da mãe parecia ter alguma ligação com aquele detalhe. A máscara a protegia e a escondia, tornando-a distante.

Enquanto aquela mãe, com seus 30 e poucos anos de idade, olhava-me no fundo dos olhos, tentando segurar as lágrimas, sua filha parecia sofrer em silêncio. Era aquele silêncio de quem não sabe o que esperar da vida.

Naquela troca silenciosa, dirigi-me a ela. Conhecia os mistérios da alma. Através dos anos, havia aprendido a decifrar alguns códigos. Pelo olhar, muitos diziam coisas que jamais falariam em voz alta. E eu já sabia quem estava precisando de uma conversa franca, mesmo que as pessoas não ousassem se aproximar.

Muitos menosprezam a frase que explica que o olhar é a janela da alma. Jamais tive dúvidas disso. Só se engana quem não olha nos olhos.

– Me ajuda – ela disse sussurrando e procurando forças para continuar a frase.

Sua voz era rouca e pedia licença para dizer alguma coisa diante da filha. Só uma mãe sabe a dor de fazer um anúncio desses diante de um filho. Se os olhos são as janelas da alma, os ouvidos levam informações a ela e nos trazem coragem ou desânimo por intermédio daquilo que escutamos.

Respirei fundo. Conhecia o sofrimento de perto. Já havia presenciado casos de pessoas com dores na alma, e conseguia reconhecer, naquela mulher, uma dor genuína.

– O que foi? – perguntei, já sabendo que a resposta traria a ela memórias ainda mais dolorosas.

Ela curvou-se para a frente vagarosamente e inspirou o ar na tentativa de que, junto dele, uma lufada de coragem fosse absorvida.

– Acabei de sair do hospital – disse pausadamente.

Antes de terminar a frase, ela olhou para a filha, como quem não tivesse a ousadia de pronunciar o que estava prestes a dizer a seguir. Era como se ainda não houvesse tempo hábil de digerir aquela notícia.

– Minha filha está com câncer.

Aquelas palavras haviam sido ditas com cuidado, no entanto eram como tiros de fuzil exterminando a confiança daquela mulher. Como se o diagnóstico fatalmente revelasse o término da vida da criança.

Dito isso, mergulhou num choro convulsivo, e mal conseguiu contar que a menina precisava de um transplante de medula e que não poderia ficar perto das demais pessoas, pois o sistema imunológico dela estava fragilizado.

Deixei que aquelas lágrimas fizessem seu papel de lavar aquele coração ferido, e olhei bem em seus olhos.

– Eu te acolho e acredito – disse a ela, com uma certa convicção que vinha de dentro, de que tudo acabaria bem. Era como se, certas vezes, Deus falasse comigo através do coração, e eu pudesse transmitir aquilo que sentia, levando esperança a quem buscava palavras de conforto.

O cenário já estava totalmente modificado pela presença daquela mãe em sofrimento, e eu pedi a todos que ficassem em silêncio.

Contei em voz alta o que havia acabado de presenciar. Cada um reagiu de uma forma. Muitos se comoveram e acabaram sentindo a própria dor que aquela mulher experimentava, e choraram junto dela.Outros fizeram uma expressão que denotava coragem.

Olhei para cada um dos presentes e depois lancei uma pergunta a ela, à queima-roupa.

– Você acredita na cura?

Sua boca, trêmula, sussurrou: – Sim. Eu acredito.

Se até aquele momento ela estava voltada para a dor, a partir daquele instante percebeu o quanto sua fé poderia reverter aquela situação. A fé é o antídoto mais poderoso na cura das mais diversas doenças. Tanto é que nos Estados Unidos se exige que em todos os programas de residência para psiquiatras incluam no roteiro questões religiosas e espirituais. No Brasil, médicos das mais diversas categorias afirmam que já presenciaram casos de cura que não podiam ser explicados pela medicina.

O médico Herbert Benson, da Faculdade de Medicina de Harvard, afirma que existe um agente inflamatório chamado interleucina 6, associado a infecções crônicas, diabetes e câncer. Segundo esse médico, ao rezar e meditar seguidas vezes, o paciente atinge um estado de relaxamento capaz de reduzir o impacto dos hormônios no organismo. E foi comprovado que pessoas que raramente iam à igreja tinham altos níveis de interleucina 6 no sangue, enquanto aqueles que frequentavam alguma religião tinham os índices mais baixos.

Eu gosto desses estudos, embora não precise deles para acreditar que a fé tem um poder muito grande.

– Jesus disse que, todas as vezes que nos reuníssemos em seu nome, ele estaria presente. Vamos orar por essa jovem. Sua mãe acredita em sua cura e a fé irá curá-la.

Nunca tive a pretensão de operar milagres, porque sei que cada um pode promovê-lo em sua vida, abastecendo-se de fé. Em contrapartida, sou o primeiro a alertar sobre a importância do tratamento, dos medicamentos e, principalmente, a dizer que não há mais chances, quando vejo que será ainda mais sofrido alimentar uma ilusão de cura.

Sou o tipo da pessoa que sempre foi e será a favor da profilaxia, em todos os casos em que a medicina pode ajudar. Se podemos contar com ela, por que delegar a cura somente à fé? A fé na cura é milagrosa, mas não devemos nos enganar e deixar que as coisas fiquem ao acaso. É como querer ganhar na loteria sem comprar o bilhete. A vida traz inúmeras possibilidades, mas, para sermos ajudados, precisamos, em primeiro lugar, nos ajudarmos.

Ao mesmo tempo, não acredito que focar na medicina, sem o apoio de Deus, seja a solução. A medicina traz aquilo que o corpo precisa, entretanto alimentar a alma é o que nos abastece de força para persistir.

Vejo muita gente que vacila nos extremos – ou acredita na medicina sem entender o poder de Deus na cura, ou joga a responsabilidade toda para Deus e não faz uma simples visita ao médico para que possa ser instruído.

No caso daquela mãe acompanhada da filha, a fé faria com que ela não só se abastecesse de uma força interior, como pudesse se acalmar. A dimensão que a fé dá na vida de uma pessoa é significativa o bastante para que possamos notar a diferença que promove no dia a dia de cada um. Ela é uma fonte inesgotável de força, e une as pessoas de uma maneira peculiar.

Existe um estudo que salienta a mudança que uma oração faz no cérebro humano, e de todas as orações, acredito que a que mais fortaleça a fé seja o Salmo 23, que diz:

> *O Senhor é meu pastor, nada me faltará. Em verdes prados ele me faz repousar. Conduz-me junto às águas refrescantes, restaura as forças de minha alma. Pelos caminhos retos ele me leva, por amor do seu nome. Ainda que eu atravesse o vale escuro, nada temerei, pois estais comigo. Vosso bordão e vosso báculo são o meu amparo. Preparais para mim a mesa à vista de meus inimigos. Derramais o perfume sobre minha cabeça, e transborda minha taça. A vossa bondade e misericórdia hão de seguir-me por todos os dias de minha vida. E habitarei na casa do Senhor por longos dias.*
>
> *Salmos 23:1-6*

Nossas orações persistiram até que aquela mulher encontrasse uma branda esperança e sentisse sua alma refrescar.

Era bonito presenciar esses suaves milagres. Quando os olhos passam a brilhar, e surge uma claridade na expressão que quase esboça um sorriso. Era o poder da oração de abrandar esse vento de desolação que obrigava muitos a se curvarem. Ela percebeu que, mesmo em noites tenebrosas, seria possível conversar com Deus e afugentar as sombras do medo.

A partir desse dia, essa menina cuja feição era coberta de silêncio, passou a frequentar a igreja todas as semanas. E eu fui acompanhando sua doce trajetória.

As estações do ano foram se apresentando, uma a uma. Veio o verão, trazendo seus raios de sol para amenizar aquela escuridão. O outono que colaborou para que folhas e frutos se renovassem. O inevitável inverno, que pedia recolhimento e concentração. E, finalmente, a primavera – estação das flores, na qual, essa menina floresceu.

Foram anos de persistência, fé, tratamento e união com a Igreja.

Hoje, quando ela olha para trás, já não chora com a lembrança do dia em que enfrentou um câncer. Sorri, aos pés de Cristo, todas as semanas que visita a igreja e nos premia com sua presença angelical, ajudando outras pessoas a acreditar. Acreditar na fé, na cura e no poder da união de pessoas em prol de um bem comum.

Sua saga havia sido longa até encontrar um doador compatível na família. Ela sofrera maus bocados. Mas dez anos depois de enfrentar tanto medo, sem sucumbir a ele, se tornara a prova viva do milagre.

Era uma manhã de domingo quando me recordei daquela menina, entrando na igreja com seus passos lentos e contidos. E foi caminhando firmemente que ela subiu ao altar, aos 14 anos, para contar sua história e inspirar outros fiéis que buscavam cura para as doenças, problemas financeiros e crises pessoais.

– Vamos dizer que é possível? – perguntei a ela.

Minha missão é levar aconchego e carinho. Abastecer a cada um que chega até mim com amor.

Sempre digo que a medicina é um dom divino, uma bênção que faz seres humanos encontrarem a cura para doenças cruéis e terríveis. É preciso fazer transplante, quimioterapia, porém a fé é a dose extra. O *plus* que transforma e faz com que seja possível alcançar o que se quer.

Se você está passando por algum momento de dor em sua vida, saiba que existe uma força maior que pode ajudar você a encontrar a cura, e que nada é impossível para Deus. Faça sua parte, que ele fará a Dele.

Peça e receberás.

"O Deus Eterno é o meu pastor; nada me faltará. Ele me dá novas forças e me guia no caminho certo. O Senhor é meu pastor e nada me faltará".

Muitos me perguntam: – Devo sempre ter fé na cura?

Eu sou categórico em responder: – Em algumas situações, a cura é o descanso do corpo e a ressurreição da alma.

Como no caso de uma senhora de 82 anos que estava no hospital. Não havia sinais de que ela sairia viva dali; mas, ao mesmo tempo que não apresentava piora, não dava nenhuma pista de que estava melhorando.

Seus familiares sentiam que ela estava prestes a morrer, mas não sabiam como poderiam ajudá-la.

Então recebi uma mensagem que pedia que eu gravasse algo para ela, já que ela sempre vinha nas missas e me acompanhava há muitos anos.

Perguntei sobre seu estado geral, e eles foram claros:
– Sua morte já é esperada.

Sabendo dessas condições, eu entendia que não poderia iludi-la. Ilusão é uma mentira perversa quando não acreditamos naquilo que dizemos. Em casos que não temos certeza de que a cura é factível, o silêncio e a oração é a maior arma que possuímos.

Então, pedi inspiração divina, sentei-me debaixo de uma das frondosas árvores de nosso jardim, ao lado da catedral, e liguei o celular. Como eu não podia estar ao lado dela, um vídeo levaria minha presença, meu conforto e minhas palavras.

Contei a ela sobre uma mensagem que lera dias antes, lembrando da grandiosidade de Deus.

A mensagem diz que o rio, quando nasce, vai crescendo, viajando por montanhas, vales, prados e lugares com o seguinte pensamento: – Como será meu encontro com o oceano? – E ele vai com medo.

O medo é gerado porque o oceano é grande. O oceano é aquela imensidão azul e infinita. E o rio treme. Fica pensando: "O que eu faço? Vou desaparecer com o oceano tão grande...". Ele passa pelos prados, atravessa florestas, cai entre as pedras e, quando se aproxima do oceano, descobre que o oceano é água igual a ele.

E ele compõe o oceano.

Assim somos nós.

Temos um medo danado de entrar nesse oceano...

É tão bom repousar no Senhor... A Bíblia diz "O Senhor é meu pastor e nada me faltará".

Então, vá para esse oceano. Não tenha medo. Eu só tenho a agradecer pelas vezes que você sorriu, chorou, esteve aqui...

Lembre-se de mim quando você entrar no paraíso, no oceano maravilhoso de Deus.

"O Senhor é meu pastor e nada me faltará."

Assim que enviei essa mensagem, ela a assistiu, e eu soube que foi seu último momento de consciência. Depois de entender que ela era o rio e que não precisava ter medo, ela repousou e mergulhou no oceano profundo.

O medo nos impede de caminhar e, às vezes, não sabemos fazer escolhas. Ficamos de mãos atadas.

Sempre digo nas missas que, quando uma pessoa vai para um encontro, vai assinar os papéis do divórcio ou se depara com uma situação que exige coragem, ela deve dizer "O Senhor é meu pastor e nada me faltará".

E, com isso, pensar: "Senhor, quero alguém que me escute, me abrace, entenda meus defeitos. Que o Senhor me ensine a arrancar a página que precisa ser arrancada, sem precisar apenas virá-la".

É dessa vitamina para a alma que nos alimentamos. É ela que nos traz força, que nos faz entender que existe um propósito maior para a vida. E quando entendemos isso, confiamos que Deus está presente em tudo. E que devemos confiar naquele que nos ama como filhos.

A coragem de encarar a vida

Havia um fiel que sempre estava em minhas missas. Tínhamos certa intimidade, e ele me chamava constantemente de "padreco". Era padreco pra cá, padreco pra lá. E, quando percebi, ele saiu de cena, começando a espaçar as visitas à igreja até sumir de vez. Senti seu sumiço e tive notícias da família. Estava com um câncer agressivo e avançado localizado no pulmão, e depois do diagnóstico, sua situação só piorava.

Naquele dia, eu tinha sido chamado para visitá-lo no hospital. Assim que cheguei lá, posicionei-me ao lado da cama em seu quarto e comecei a fazer orações até que ele despertasse.

A notícia que eu estava encarregado de levar não era das melhores, o câncer havia se espalhado, ele estava com metástase e não havia mais chances de cura.

Não é fácil levar uma notícia dessas, mas meu dever era abastecê-lo de coragem. Enquanto esperava seus três filhos pequenos e sua esposa, via-o despertar.

– Oi, padreco! – disse ele, conservando o apelido.

Sua voz estava embargada e seus olhos marejados. Antes que eu pudesse dizer qualquer coisa, ele disparou:

– Eu ouvi tudo. Não vou melhorar. Eles pensaram que eu estava dormindo, mas eu ouvi. O câncer já se espalhou, eles tiraram alguns órgãos. O senhor sabe como eu me sinto?

Sua dor era de cortar o coração, mas me mantive forte.

– O senhor sabe o que farei quando melhorar desse remédio que tomei? Agora estou meio tonto; mas, assim que ficar mais desperto, vou até essa janela e vou me jogar. Eu não quero esperar esse câncer acabar com tudo. Não quero mais ficar aqui sofrendo.

Deixei que ele dissesse tudo aquilo, e sentei-me calmamente ao seu lado, segurando sua mão.

– Escuta... Seus três filhos estão lá embaixo, acabaram de sair do carro com a sua esposa. Você vai fazer isso e eu farei seu funeral amanhã. Assim que eles me perguntarem quem foi o pai deles, vou olhar nos olhos deles e serei o mais sincero possível. Eu vou dizer a eles "Seu pai foi um covarde. Ele fugiu da vida. Esse foi o legado que ele deixou para vocês. Da covardia e da fuga".

Ele arregalou os olhos e engoliu seco, e continuei:

– Mas, se você permitir, quero dizer para seus filhos "Que pai que vocês tiveram. Que homem! Ele foi até o fim por amor a vocês". A decisão é sua. Você decide se quer colocar fim à sua vida ou se vai enfrentá-la com coragem".

As lágrimas brotavam de seus olhos e ele recebeu seus filhos, que invadiram o quarto naquele instante, com aquela expressão, intocável, de quem sabe a força do amor.

Os abraçou, como quem pede coragem a Deus para transformar aquela dor em amor e deu meio sorriso.

Naquele dia, ao sair do hospital, me senti digno da minha missão. Sabia que tinha feito a coisa certa. Dito a coisa certa. Mesmo que as palavras não fossem tão doces e que aquilo que eu dissera fosse difícil de ser escutado. Às vezes, a franqueza tem dessas – traz um tom inesperado às palavras. Meu coração tinha ficado aliviado, porque eu sabia que ele teria a coragem que precisava para seguir até o fim, mesmo sabendo do seu estado irreversível.

A fuga nos torna covardes, e não podemos nos acovardar diante da vida. Ela nem sempre se apresenta do jeito que a gente quer que ela seja – e cabe a nós entendermos como agir nessa situação.

Os dias se passaram, e o tempo dele já tinha sido determinado. Todavia ele resistiu bravamente. Em cada noite fria dentro daquele hospital, seu sofrimento tinha um propósito. Ele sabia o legado que queria deixar para seus filhos. Que mensagem eles levariam daquela situação que o pai enfrentara.

E encarar a dor, em nome do amor, é um dos atos de coragem que mais enobrecem o ser humano.

Era 25 de dezembro, dia em que se celebra o nascimento do menino Jesus, quando recebi a ligação de sua família. Eu tinha acabado de celebrar a missa de Natal, ainda abastecido com aquele amor contagiante característico da época que acompanha as celebrações, e soube que ele estava em seus minutos finais.

Entrei no carro observando a decoração das ruas, o sorriso de uma mãe caminhando com seu filho, a plenitude no olhar de uma jovem carregando um bebê em seu ventre – e senti como a vida era feita de polaridades.

Aquela roda que não parava de girar, gerando acontecimentos que traziam vida e morte.

Assim que estacionei o carro, lembrei-me daquela conversa que tínhamos tido meses antes. Meu coração aplaudia a reverência daquele homem por sua família e sua força em enfrentar aquela doença e suas consequências.

Um câncer nunca é uma boa notícia, ainda mais quando vem de repente, e não traz a fagulha da esperança na cura, devastando os órgãos que se colocam em seu caminho.

E eu era sempre o primeiro a dizer que existe uma grande diferença entre alimentar a esperança e causar uma ilusão.

Sempre fui um entusiasta de que a fé é uma turbina para a cura, mas quando existe uma possibilidade. Alimentar ilusões causa uma expectativa desencontrada e deixa o coração ainda mais aflito quando se percebe que aquele sonho jamais será realizado.

Eu estava habituado a ir de um extremo ao outro, porém acabara de fazer uma missa que celebrara um nascimento, e ainda me sentia estranho sabendo que um amigo estava na reta final de sua vida. Mas ao mesmo tempo, estava feliz que ele não tinha abreviado o sofrimento cometendo uma loucura.

O corredor parecia mais vazio e frio do que de costume; embora, lá fora, as pessoas se reunissem em suas casas, de corações aquecidos por causa do Natal, onde celebravam o amor. Talvez por isso aquele dia, dentro daquele hospital, tudo tinha um aspecto diferente. Meus passos ecoavam e faziam anunciar minha chegada antes que eu entrasse no quarto onde ele se encontrava.

E assim que pisei ali, podia sentir um silêncio quase sufocante que deixava o barulho das máquinas que o mantinham vivo ainda mais perturbador.

Peguei em suas mãos e ainda podia sentir o calor de sua pele. Seu sangue ainda corria através de suas veias, e uma alma ainda habitava aquele corpo. Eu sabia que ele podia me escutar.

– Eu sei que você não pode falar, mas quero que aperte minha mão quando quiser dizer “sim”.

Ele continuava segurando minha mão, contudo sem reação alguma.

– Você quer que eu ajude sua esposa e filhos com algo?

Durante alguns segundos ele não esboçou nenhuma resposta, nem apertou a minha mão, o que fez com que eu formulasse outra pergunta.

– Você quer pedir perdão para alguém?

Como religioso, sabia que o perdão era sempre invocado quando as pessoas estavam em seus momentos finais, mas ele estava com a consciência tranquila. Não apertou a mão nem movimentou um músculo sequer.

Então, como numa inspiração divina, percebi o que estava acontecendo. Era improvável, mas aquele mesmo homem, que tinha dito que preferia morrer a esperar a morte, estava com medo. E o medo da morte, comum entre tantos de nós, o prendia.

– Você quer se encontrar com Deus, mas está com medo?

Seus músculos, fracos, foram ganhando força e eu senti minha mão suar. Ele a apertava com o pouco de vitalidade que restava. Havia vida pulsando em suas veias.

Minha inspiração foi a de dizer que o mesmo amor que ele tinha pelos filhos, Deus tinha por ele. E ali havia brotado o amor. De uma dor incomensurável que destruíra suas forças, brotara a vontade de seguir adiante apenas para deixar o legado de coragem e amor aos seus filhos. Virtudes que permaneceriam mediante o exemplo.

– Seus filhos estão bem e serão bem-criados por sua esposa. Quero que você vá em paz. Vá se encontrar com Deus. Deus te ama e ele quer você.

Dito isso, comecei a fazer algumas orações. Minha voz era quase inaudível, mas ele deu um suspiro. Aquele suspiro provavelmente fora seu último suspiro. Na manhã seguinte, mesmo com as flores que cercavam o jardim do hospital trazendo cor e vida para aquele dia, a manhã seria cinzenta e triste para sua família. No entanto, embora todos sentissem aquela perda, sabiam o quanto aquele homem estaria melhor ao lado de Deus.

Quando disse algumas palavras naquele funeral, percebi que o semblante dos filhos era de orgulho. Eles intimamente sabiam o valor do pai que os deixara. E, para que aquelas virtudes ficassem claras, logo que o mais novo completou 18 anos, fiz uma missa e pedi a atenção de todos. Era a hora de trazer os fatos à tona e esclarecer aos meninos a história de seu pai, que seria herdada como um gesto de amor verdadeiro.

A catedral estava cheia, e os três me observavam com curiosidade quando comecei a contar os detalhes. Ninguém sabia até então do desejo íntimo daquele pai quando soubera da gravidade do câncer, no entanto todos saberiam da coragem daquele homem que, por amor aos filhos, resolveu enfrentar a extração de órgãos, a radioterapia e a quimioterapia.

E o amor enobrece. É um gesto que denota caráter, coragem, e faz com que as pessoas entendam que é possível enfrentar a dor quando estamos fortalecidos por um propósito maior.

Naquele dia, depois da missa, presenciando o olhar marejado daqueles filhos e recebendo um abraço caloroso de cada um deles, percebi que minhas palavras tinham sido certeiras quando ele estava determinado a dar um fim em sua vida.

Quando percebemos que existe uma graça nisso tudo, que as histórias fazem com que encontremos significado para as dores e respostas para os tormentos, encontramos a paz. Assim como ele, que repousou em paz, sabendo que havia feito o que precisava ser feito, seus filhos tiveram uma inspiração que os nortearam por toda a vida. E encheram o peito para declarar que o amor do pai era maior que qualquer sofrimento pelo qual poderia ter passado.

Nada pode ser tão forte quanto o amor.

O Homem de Branco passou por aqui

Era uma missa em que eu pedia a unção dos enfermos. Era comum que existissem pessoas necessitando de ajuda espiritual ou estivessem em busca de algum milagre.

Nesse tempo, nosso coral era composto de músicos experientes, que estavam com ouvidos e olhar treinados para que as missas sempre acontecessem na mais pura sintonia.

As pessoas chegavam na igreja carentes de apoio e sedentas de amor. Nossa missa se tornava um refúgio para quem tinha problemas dos mais variados – e as pessoas se acotovelavam para sentar nas primeiras fileiras, onde acreditavam que poderiam ficar mais próximas de Deus.

Eu sempre acreditei que as coisas têm um sentido. Ficava honrado em poder dizer algo que tocava o coração de alguém, ou que trazia reflexões que mudavam as vidas de quem estivesse por ali. Não sentia orgulho, por diversas razões, mas acreditava que estávamos todos ligados por um fio invisível, e se as pessoas estavam ali, naquele momento, eu tinha algo a lhes transmitir.

Os músicos também compartilhavam da mesma sensação, e faziam o possível para trazer harmonia aos corações de quem se encontrava em aflição.

Quantas vezes havia presenciado lágrimas amargas no início de uma celebração, que lavavam a dor e passavam a trazer um doce sorriso quando a missa chegava ao final?

E a vida é uma melodia. Muitas vezes não sabemos o tom certo, ou desafinamos, até a deixamos incompreensíveis. Em certas ocasiões, perdemos o ritmo, reagimos à música e não identificamos a complexidade da partitura, e, então, não conseguimos perceber que aquele som traz uma canção perfeita para aquele momento.

E cada momento da vida pede uma determinada canção.

Uma vez que aprendemos a dançar cada ritmo, entoar a canção conforme a música, sem brigar com ela, passamos a viver melhor nossos dias e a compreender o significado e a força da vida que nos leva a entender altos, baixos, agudos e graves.

Quem estava ali, em busca de auxílio espiritual, queria fortalecer a fé, que costuma capengar quando mais precisamos dela. É diante dos desafios da vida que as pessoas se curvam e perguntam se conseguem improvisar diante de uma música que desconhecem.

É diante dessas pessoas que enxergo Deus, porque reconheço em cada uma delas a força necessária para o combate. E, normalmente, elas só precisam de um empurrãozinho para acreditar.

Quando perguntei se havia alguém que queria a unção dos enfermos, aquela mãe, com lágrimas nos olhos e coração apertado, logo se levantou. Era a missa do meio-dia e, aproximadamente, mil pessoas a acompanhavam com o olhar.

– Venha até o altar – eu disse, testemunhando sua aflição.

Ela parecia ter abandonado a juventude a pouco tempo. Como se um fato determinante lhe roubasse a alegria da noite para o dia.

E pessoas que perdem a alegria da noite para o dia parecem envelhecer dez anos em um mês. Mesmo que continuem jovens, ficam transfiguradas pela dor e carregam um sofrimento que parece ser maior do que podem suportar.

Ela, o esposo e seus dois filhos caminharam lentamente em minha direção.

Ela carregava nas costas todo o peso do mundo, todo o peso do medo, e tudo indicava que sua fé estava sendo testada. Mesmo assim, empenhou-se para esboçar um sorriso. Era como se esperasse por aquele momento para entregar seu sofrimento naquele altar e se curvar clamando por misericórdia.

Sua oração estraçalhava os vitrais da catedral. Tinha medo, mas tinha fé e queria, mais do que tudo, que seu filho fosse curado.

Ela foi logo falando o que se passava. Seu filho faria uma cirurgia dentro de um mês para a possível retirada do rim, e ela tremia de ansiedade. O menino tinha um ano.

A ideia de perdê-lo a torturava dia e noite, e sua angústia a acompanhava. Ela tecia seu mundo interior com a possibilidade de que ele pudesse se recuperar, mas fazia parte do seu imaginário, e ela temia conhecer a tristeza que não queria encontrar. A definitiva.

Gosto de imaginar que as crianças trazem uma leveza angelical e carregam uma esperança na alma que pode transformar tudo num pai e numa mãe.

Perguntei o nome das crianças e ela logo disse: Bruno e Vitória. Era como um sinal.

– Vamos orar, porque tudo posso Naquele que me fortalece. O Senhor é meu pastor e nada me faltará. Vocês, com uma filha tão linda, e com esse nome tão lindo, não acreditam?

Ela se encurvou ainda mais. Senti que naquele minuto, uma fresta de luz poderia iluminar sua alma.

Então, pedi ao coral que cantasse o *Hino da Vitória*.

Subitamente, ela se iluminou, como se fosse tocada pelos anjos.

Todos os fiéis, presentes naquela igreja, estavam comovidos, e se empenhavam em entoar aquela canção. Não tinha uma alma que não ficasse arrepiada com aquele despertar.

Era como o presságio de um milagre.

A música era bela, envolvente, e a cerimônia seguiu seu rumo, e todos haviam depositado a parcela de fé que lhes cabia naquela cura.

A situação parecia delicada, mas ela não estava mais despedaçada. Tinha atravessado a igreja com mais confiança, e, depois daquele minuto mágico, tive a impressão de que aquele menino se sairia bem.

Na mesma noite, tive uma conversa com Deus. Eu via com clareza minha situação como líder religioso, e sabia que não podia interferir no destino das pessoas, por isso eu pedia que fosse inspirado. Que minhas palavras sempre pudessem levar conforto, alegria, e não iludir ou fingir uma realidade inexistente.

Passei os dias que se seguiram pensativo. Aquele semblante sofrido não me saía da memória. E eu cultivava um apreço especial às mães. Ao longo do tempo, presenciava tantas cenas de desalento, medo, tristeza e torpor, que entendia como o coração materno carregava aflições inimagináveis de outros seres humanos.

Já havia lido que a maior dor que o ser humano podia experimentar era a dor da morte de um filho, e eu, como pai, entendia que essa dor era difícil de se curar.

No entanto, a possibilidade da morte de um filho, por si só, já parece aterrorizante. Quando a medicina não se mostra favorável à cura, o remédio é rezar. E as orações mostram-se poderosas.

Aquela mãe sentia isso.

Um dia antes da cirurgia, sentado em minha cadeira, olhando para o relógio da parede, cujos ponteiros não davam trégua, pensei no quanto nossa mania de querer parar o tempo é inútil. Só nos resta avançar corajosamente pela vida e não deixar que os minutos se percam na lembrança de uma existência vazia. Às vezes, é ruim pensar nos desafios, mas basta imaginar a possibilidade da morte que nos apegamos aos dias, mesmo ruins, de nossa existência.

Todo o mundo reclama da vida, mas ninguém quer ir embora daqui. Só a possibilidade de perdermos quem mais amamos pode ser mais angustiante que a própria morte.

Queria me assegurar de que aquela mãe estava mais calma antes da cirurgia, e peguei o telefone. Enquanto ouvia sua resposta, compreendi que sua angústia persistia.

Eu acreditava na força de uma corrente poderosa, por isso, escrevi um *e-mail* e disparei para todos os membros da comunidade pedindo para que dedicassem um tempo de orações voltada para a cirurgia do Bruno.

Naquela tarde faríamos um grupo de oração. Pensei que fosse capaz de confortar seu coração.

– Vamos orar juntos? – convidei-a.

Sabia que ficar em casa não adiantaria em nada, e que ela ficaria ainda mais agoniada.

Realmente, parecia-me que ela estava obstinada a perseverar nas orações. Não hesitou em dizer que iria, mesmo com os dois filhos a tiracolo.

Lembro-me de sua expressão de cansaço físico e emocional quando entrou na sala de orações. Peguei o Bruno no colo e a Vitória pela mão enquanto aquela mãe tentava se sustentar de pé.

– Você não acredita? – fitei-a nos olhos.

Claro que acreditava. Todavia ainda não era capaz de esboçar nenhuma reação. E o silêncio traz mil respostas. Às vezes ele nos enche de surpresas e faz com que nos conectemos com nossa alma. Às vezes ele é um ato de coragem, mas também pode denotar medo. O silêncio é desafiador. Mas só para quem não sabe decifrar o brilho de um olhar. E seu olhar tinha um quê de esperança.

Era aquela esperança que tinha medo de existir, porque não sabia se seria capaz de sobreviver à derrota. Mas era ousada o suficiente para não se deixar apagar.

Entendi o recado, e estendi a mão para Vitória, erguendo-a sobre a cadeira.

– Vivi, sobe nessa cadeira e canta para sua mãe aquela música linda que tem o seu nome.

Então, como se os anjos descessem dos céus, personificados pela presença daquela menina, ela começou a cantar.

Sua voz trazia uma poesia, e abastecia nossos corações de fé. Ali, formava-se uma parte da história daquela família, que enfrentava a dor em união.

Todos ficaram emocionados. Era impossível conter as lágrimas diante da apresentação sutil e desinteressada da menina que tinha na música com seu nome um refrão para toda a vida.

Com a simplicidade de uma criança de 5 anos, observava cada uma das pessoas do grupo e brincava de ser Deus. Com sua voz, criava um novo ambiente na sala e mudava a feição de quem estava ali.

As orações começaram logo após aquela canção acabar, e as crianças pareciam obedecer e respeitar, ao sofrimento da mãe, sem incomodar. Quando encerramos a reunião, ela sorriu, dizendo que se sentia pisando em nuvens.

Tinha a impressão de estar sendo amparada e carregada.

No dia seguinte, já no hospital, aguardando a cirurgia, seu esposo não pôde ficar ao seu lado, e isso fez com que seu medo viesse novamente à tona.

Quando levou o menino ao centro cirúrgico, quase desfaleceu de tanto chorar. Não queria pensar que era uma despedida, mas temia pela integridade do filho, em jejum por quase vinte horas.

Desceu para o apartamento, agoniada, e acabou pegando no sono, como se fosse anestesiada pela dor. Ou segurada pelos anjos.

Foi então que teve um sonho. Estava dentro de um túnel escuro, com medo, mas caminhava. De repente, via um clarão que chegava até ela. Era Ele, o Homem de Branco, que dizia assim: – Vá em paz, sua fé te salvou.

Acordou com o cirurgião chamando seu nome e dizendo que a cirurgia havia acabado. E o Bruno já havia despertado.

A previsão da cirurgia tinha sido de cinco horas, mas ele ficara apenas uma hora e meia no centro cirúrgico. A previsão de internação era de dez dias, mas ele ficou apenas dois dias internado.

O rim não precisou ser retirado e, passados trinta dias da cirurgia, ele repetiu os exames e seu rim já estava apresentando 40% de funcionamento.

Hoje, passados dez anos desse acontecimento, seu rim funciona 49,5%.

Sabendo que o rim não se regenera, a única certeza que temos, quando vemos essa prova de Deus, é de que é permitido acreditar em milagres.

Ver a Vitória cantar é uma prova de que a força da fé é o que nos move.

Acredite em milagres.

O maior amor do mundo

Quando ela parou o carro no estacionamento da igreja, eu estava resolvendo alguns assuntos paroquiais. Do jeito que parou, ela deixou o carro. Saiu dele, quase cambaleante em minha direção. Suas mãos tremiam. Seu aspecto era de quem estava em estado de choque.

Olhei o carro, havia um amassado na porta. Em minha cabeça passava um turbilhão de pensamentos. Mas eu achava principalmente que ela acabara de sofrer um sequestro relâmpago. Ou algo do gênero.

Acolhi-a para que não desmaiasse, e ela se sentou ao meu lado, ainda sem fôlego. Pedi um chá e, quando se acalmou, começamos a conversar.

Seu relato era impressionante. Ela contava que estava chegando em casa e bateram no vidro de seu carro. Do lado de fora, um rapaz com capuz pedia-lhe que desse todo o dinheiro que tinha na bolsa. Afobado, ele falava com a voz enrolada e quase não dava para entender. Mas ela estava nervosa, e ele com uma tesoura na mão voltada para o pescoço dela.

Sua reação imediata foi virar o corpo para pegar a bolsa. Aqueles segundos intermináveis em que se virava foram suficientes para que olhasse para as mãos do assaltante. Levantou os olhos, voltou-se para a tesoura. Seu corpo todo estremeceu.

Soltou a bolsa e virou-se para o bandido, metendo-lhe um tapa na cara e arrancando o capuz que cobria seu rosto. Suas suspeitas, então, se confirmaram.

– Assim que vi aquela mão, percebi que se tratava do meu filho. Então percebi que aquela era a minha tesoura.

Perplexa, encarou-o nos olhos. Um misto de raiva, de inconformismo. Todas as sensações do mundo lhe assaltaram naquele momento. Ela o carregara durante nove meses, dera todo o amor que uma mãe era capaz de dar a alguém, e, de repente, via-se diante de um menino transfigurado, ameaçando-a para conseguir dinheiro.

Enquanto ele fugia, ela chorava. Sem saber o que fazer, dirigira até a catedral. Queria uma luz, queria entender tantos porquês.

– Como perdoar um filho assim? – ela se questionava, além de querer entender como ele tinha sido capaz de ameaçar a própria mãe para conseguir dinheiro.

Ficamos em silêncio enquanto seu coração descansava. Sua alma precisava de um refúgio, e ela se alimentava daquele silêncio para controlar os pensamentos que vagavam.

Nessas situações, cada palavra deve ser direcionada para o bem. E além do bom senso, é vital que saibamos praticar o perdão.

Meu primeiro impulso foi o de explicar a ela que não tinha sido ele quem fizera aquilo. Fora a doença dele – que era um vício que ela conhecia há muito tempo. Um vício em drogas que estava acima do controle dele.

Nesses momentos, Deus me presenteia com memórias.

– Certa vez, um alpinista estava escalando uma montanha muito alta, num frio extremo. Em determinado momento, ele se desequilibrou e escorregou, o que fez com que seu braço ficasse preso em uma rocha. Sozinho, ele entrou em pânico. Precisava sair dali de qualquer jeito, senão morreria congelado em algumas horas. Sua única opção seria arrancar o braço, já que estava preso. Ele pegou o canivete e o cortou, imediatamente, para que pudesse se salvar. E desceu sem o braço.

Enquanto ouvia a história, que fiz questão de ressaltar que era verídica, percebi que já conseguia respirar sem que seu coração estivesse tão acelerado.

– Ele quis cortar o braço? Claro que não. Foi uma atitude extrema que ele precisou tomar para se salvar – continuei. – O vício é uma fraqueza humana para fugir de traumas. E ele está numa condição que não consegue tomar uma decisão. Está refém das drogas.

Lembrei-me de quando trabalhava com menores infratores na Febem e tentava conversar com eles. Na conversa eu dizia: – Você matou uma pessoa. Você está fazendo uma mãe sofrer.

Para eles, aquilo não representava nada. Eles respondiam simplesmente: – Eu não tive mãe.

Eles não sentem isso.

Então expliquei para ela que o descontrole e a necessidade eram tão grandes que ele foi buscar esse dinheiro com ela.

– Você sabe por quê?

Ela ficou muda. Seus olhos estavam fixos no horizonte.

– Porque ele sabia que você era a única pessoa que ele não poderia matar.

Sua expressão mudou. Ela me encarava boquiaberta.

– Seu filho hoje poderia ser um assassino e estar na penitenciária – continuei. – Ele poderia ter matado alguém ou estar morto.

Ela mordeu os lábios e suspirou. E aquele dia ficou marcado em sua memória como o dia que ela o perdoaria. Porque se há uma coisa que uma mãe sabe fazer é perdoar. O perdão de uma mãe é capaz de mover barreiras que parecem intransponíveis, e só um amor tão verdadeiro e forte como o materno é capaz de ter tanta empatia pelo outro, de conseguir enxergar a necessidade por trás de um comportamento apresentado incomum.

Aquele filho acabou aceitando o tratamento, e até hoje o faz, porque uma vez refém do vício, a vigilância deve ser constante. No entanto, o perdão de sua mãe o absolveu. E o que era inimaginável aconteceu. Ele recuperou sua dignidade e se tornou um grande empresário.

Para uma mãe, independente do que o filho faça, o perdão é a única saída.

Onde repousa um coração

Certa vez, fui chamado para ir a uma casa de repouso visitar uma mulher que estava fazendo 90 anos. Sua idade avançada não permitia que ela saísse de lá.

Antes de o seu marido morrer, ele disse a ela:

– Não saia dessa casa. Não deixe que vendam essa casa.

Mas, dois anos após sua morte, ela começou a apresentar sinais de artrose, e seu filho resolveu fazer algumas mudanças na rotina:

– Mãe, não dá mais para a senhora morar aqui – ele disse. – Vamos vender essa casa e comprar um apartamento. Com o dinheiro que sobrar, a senhora terá uma qualidade de vida melhor.

Ela ficou feliz com a preocupação do filho e deu carta branca para que ele vendesse a casa, mesmo sabendo que o último desejo de seu marido contrariava aquela decisão.

Assim que conseguiram vender a casa, o filho mudou o discurso dizendo que gostaria de colocar a mãe num hotel, temporariamente, até comprar um apartamento. Mas, por causa das condições de saúde dela, o melhor seria interná-la em uma casa de repouso. Segundo ele, lá haviam médicos disponíveis 24 horas, e isso facilitaria a vida de todos.

Quando isso aconteceu, ela tinha 82 anos. E desde o dia em que ele a deixou lá, nunca mais voltou.

Naquela tarde, durante minha visita, perguntei a ela, observando a foto do filho e das netas no porta-retratos, qual era seu grande sonho.

Ela suspirou e abriu um sorriso, respondendo:

– Receber a visita do meu filho e ter o abraço dele.

Então, eu lhe pergunto: existe amor maior do que este?

Uma canção de amor

Muitos de nós possuímos missões espetaculares. Missões que nos fazem acordar todos os dias e dar algum sentido à vida. Missões que transformam a vida com gestos de grandeza. Nas minhas andanças, enquanto vou me encontrando e desencontrando com a morte, por meio de visitas que levam esperança, mas também levam palavras finais, percebo que certas pessoas são um bálsamo vivo na cura de outras.

Sempre que entro num hospital, deparo-me com técnicos de enfermagem que parecem dedicar-se por inteiro em suas funções. Naquela doação intensa de amor, eles trocam fraldas, depilam os pacientes, fazem a barba, limpam, dão banho, conversam e trocam olhares de extrema compaixão.

Embora muitos o façam pelo holerite, acredito que a maioria faz por amor. Amor à vida humana. Amor às necessidades e ao sofrimento dos outros. É isso que nos faz humanos – a capacidade de nos sensibilizarmos com o sofrimento do outro.

Todos queremos o pão de cada dia, mas nessa luta pela sobrevivência, uns se destacam, procurando fazer aquilo que amam. A pergunta é: "Como faço para conseguir esse pão e o que faço com o pão que consegui?".

Em alguns casos, certas pessoas se colocam no papel de contribuir com o outro mesmo que aquilo não faça parte de seu escopo de trabalho.

Era uma quarta-feira quando um piloto de helicóptero dava uma aula de como fazer resgates em enchentes em São Paulo. Especialista no assunto, ele estava habituado a resgatar pessoas em situações extremas, e via nisso sua grande paixão, embora o trabalho como piloto também o satisfizesse. Era salvando vidas que ele se realizava. Chegava em casa com a sensação de missão cumprida.

Naquela tarde, quando começou a demonstração, ele estava diante de um morro, e, assim que o helicóptero começou a subir, um raio de sol causou uma cegueira momentânea no piloto. Numa fração de segundos, a tragédia aconteceu. Sem enxergar a rede de eletricidade diante de si, as hélices se prenderam na rede. Não houve uma emissora de TV que não noticiasse o ocorrido, mas fiquei sabendo daquela morte terrível pela irmã do piloto. Ela estava inconsolável. Lembrava-se dos momentos que viveram juntos, de sua bondade, firmeza de propósito e caráter. Lembrava-se do quanto ele era humano.

Aquele amor interrompido foi um divisor de águas em sua vida, e ela resolveu dissipar aquela dor por meio do canto. Era cantando que ela expulsava seus fantasmas e conseguia sorrir novamente. Como a música tem a capacidade de curar cicatrizes profundas e restaurar sonhos, seu coral logo ganhou o *status* de melhor Orquestra de São Paulo, e ela começou a fazer mais e mais apresentações.

Enquanto a música lhe servia como bálsamo para aplacar a dor, ela percebia que tudo era uma questão de direcionar o sofrimento para conseguir extrair o sorriso de alguém. E talvez sejamos todos cúmplices dessa história, quando queremos trazer o melhor das pessoas mesmo que elas estejam em seus piores momentos.

Se a música a salvou da dor, sua voz trouxe a doçura para o coração de muitas pessoas que a ouviram, agoniadas em situações difíceis. E assim seguimos consolando corações e almas feridas, tentando sempre trazer um acorde diferente para aquele barulho insistente que tenta nos fazer desistir da vida.

A vida nunca desiste da gente.

A leveza de um coração tranquilo

Era um casal simples e sem grande poder aquisitivo. Quando a menina nasceu, observaram que havia algo diferente nela. Não conseguia correr ou brincar porque seu coração disparava acima do normal. Descobriram, com sofrimento, que havia na criança uma anomalia cardíaca. Era como uma taquicardia muito forte que a impossibilitava de fazer certas coisas.

Mas apesar das dificuldades a menina cresceu, mesmo sabendo que jamais teria uma vida normal.

E quando menos esperava, apaixonou-se. Já era uma jovem cheia de sonhos quando resolveu se casar com o namorado. Todavia o médico havia sido categórico: "Não tenha filhos".

No entanto, ela engravidou, e foi uma gravidez de altíssimo risco para ambos. O coração mal podia bombear o sangue para o corpo todo e para o feto. E ela não podia mais ter relações sexuais com seu marido.

Assim que a criança nasceu, sua vida se transformou. Ficava encantada com aquele bebê, mas sofria porque não podia carregá-lo. Ele começou a andar, e ela permanecia sentada, impossibilitada de fazer qualquer coisa, já que suas condições de saúde haviam piorado.

Vivia com o marido, mas não podia ter relações com ele. Tinha o filho, mas não conseguia brincar ou sequer cozinhar algo que ele gostasse.

Começou a se sentir inútil.

Foi por causa desse sentimento que ela me procurou. Sua expressão era de resignação e sabedoria. Estava determinada e queria ajuda. Sem nenhum resquício de vergonha, ela fez o pedido.

– Estou vegetando. E só existe uma pessoa que pode me operar. E eu não tenho acesso a ele, mas o senhor tem.

Já estava habituado aos pedidos dos fiéis que achavam que eu conhecia todo mundo. Na maioria das vezes não conheço, mas minha cara de pau permite que eu bata na porta de cada um e entregue os pedidos. E aquele era especial. Ela sabia que sua vida podia ser melhor e não suportava mais viver naquelas condições. Revi mentalmente minha época de professor de ensino religioso numa escola conceituada, e me lembrei do sobrenome familiar. Sim, eu havia dado aulas para as netas do tal médico. E, sem medo de ouvir um não, resolvi procurá-lo.

Enquanto isso, ela ponderava se deveria fazer ou não a cirurgia. Sabíamos que ela correria muitos riscos, mas ela dizia que não era justo continuar vivendo daquela forma.

No entanto, ela precisava que o marido a autorizasse a fazer a cirurgia.

Assim, chamei toda a família para conversarmos e, apesar do índice gravíssimo de possibilidade de não resistir, ela queria ser operada. Preferia arriscar tudo numa única tentativa a viver a vida que estava vivendo.

– Se der certo, posso ser uma excelente mãe e uma excelente esposa. Se não der certo, contribuí para meu filho e meu marido seguirem suas vidas felizes.

O médico me atendeu e me alertou sobre os riscos. Ao mesmo tempo, sabíamos que ela não teria muito tempo de vida se não fizesse a cirurgia. Sua qualidade de vida estava precária, e não fazíamos ideia de quanto tempo ela continuaria se arrastando.

Foi assim que nos unimos em oração no dia que ela entrou na sala de cirurgia. Seus olhos refletiam esperança, e ela dizia que queria voltar, mas que queria, acima de tudo, a felicidade do marido e do filho.

Quando entrou no centro cirúrgico, não sabíamos o que as horas seguintes trariam. E elas trouxeram uma notícia que não agradou a ninguém.

Ela havia morrido na mesa de cirurgia.

Assim que tive a notícia, não resisti ao baque. E chorei. Chorei naquele dia e nos dias que se passaram, perguntando a mim mesmo se havia cometido algum erro. Eu havia falado com o médico, havia reunido a família para que autorizassem. Sentia-me um pouco responsável por aquele desfecho.

Entretanto, à medida que o tempo foi passando, fui percebendo que ela morreu consciente dos riscos que corria. Que ela havia escolhido arriscar, e no quanto seu ato de amor tinha sido grande para entrar para a história.

Ela tinha agido com coragem. Coragem de abrir caminho para que seu filho pudesse ter a oportunidade de ter uma mãe. Coragem de admitir que seu marido pudesse se casar novamente. Coragem de abrir mão da própria vida para conceder uma oportunidade de felicidade à sua família.

Quando o marido se casou novamente, e trouxe uma mãe para seu filho, entendi tudo aquilo. Percebi que, muitas vezes, estamos diante de uma situação difícil, mas que precisa acontecer. Como uma espinha cheia de pus, que dói, mas que precisa ser espremida. Como um tumor que precisa ser retirado.

Ela se sacrificou para deixar o melhor para sua família. Ela conhecia o risco e não tinha nada a perder. E aquele pai refez sua vida em paz, sabendo que ela havia feito o melhor para ela. O legado e a mensagem que tinha deixado havia sido claro – se ficasse boa e voltasse, teriam uma vida linda, mas, se isso não acontecesse, que não carregassem um peso.

A beleza da vida é ressignificar experiências que, à primeira vista, parecem malsucedidas.

É melhor morrer lutando do que se acovardar diante da vida. É melhor fazer escolhas do que viver sofrendo. É melhor entender a responsabilidade em cada escolha do que se culpar porque o resultado dela não foi o esperado.

Aliás, será que sabemos, de fato, o que é melhor para nós?

Em algumas situações, supomos o que é melhor para nós e para os outros. E queremos que as pessoas enxerguem a situação como nós a enxergamos, fazendo aquilo que nós faríamos.

O respeito e a amizade

Curiosamente uma moça que frequenta a igreja veio conversar comigo a respeito de um casal de amigos, ateus convictos, que havia tido um bebê com uma anomalia cardíaca.

Ela dizia que frequentava a igreja e que iria orar por eles, e sempre que podia, jogava sementes. Suas palavras repetiam aquilo que eu dizia no sermão: "Tudo posso Naquele que me fortalece. Jamais desistam dos seus sonhos. Nunca perca sua esperança". Ela dizia aquilo para eles como um mantra, porém não via o comportamento mudar.

Assim, continuou rezando e pedindo por eles na igreja e no grupo de oração.

O tempo foi passando, e a criança fez um tratamento, mas não estava respondendo bem aos medicamentos. Dessa maneira, ela foi encaminhada para o centro cirúrgico e, mais tarde, para a UTI. Quando o médico saiu da sala de cirurgia, esclareceu aos pais com um semblante preocupado:

– Só resta uma coisa a fazer: rezar e pedir a Deus.

Aquele casal se isolou num canto do hospital, e a amiga foi para a igreja, pensando no quanto eu falava sobre a importância do respeito. Eu costumo dizer que não importa se as pessoas têm ou não tem religião. Que não devemos impor nossa verdade a elas. E o que ela podia fazer naquele momento era orar.

E sua fé era magnífica. Já havíamos conversado sobre o poder da oração em casos de cura. Um estudo da Universidade Harvard chegou a mencionar o quanto a oração era efetiva, mesmo quando a pessoa não sabe que estão orando por ela.

Pela fé ou pela medicina mesmo, aquela criança saiu com vida do hospital, recuperou-se, e aquela amiga da família disse que teve um grande aprendizado: em outros tempos ela partiria para cima dos pais para fazê-los aceitar Deus em suas vidas. Ela diria que aquela situação tinha surgido na vida deles simplesmente para que pudessem refletir a respeito. Mas não. Entendeu que o respeito pela opção deles era fundamental para que aquela relação continuasse sobrevivendo, e fosse pautada pelo amor.

É possível o côncavo e convexo estarem juntos por conta do amor. Fazer uma situação de divergência se tornar convergência.

Nessa história, com a dor da família, ela os respeitou e foi respeitada, e continuaram a doce convivência juntos.

Da dor brotou a certeza do respeito e da inclusão.

A coisa mais chata que pode acontecer na vida da gente é quando nos tornamos um fanático, ou seja, aquele que entra de cabeça num assunto e quer convencer a todos que aquela é a única verdade.

Aconselho meus fiéis a substituírem o "Olha, você está precisando", pelo "Isso foi bom para mim".

Não é errado convencer o outro, mas é errado a forma de tentar convencer. Quando se coloca de igual para igual, a tendência do ser humano é sempre acreditar que o outro precisa mais que ele.

Muitos recusam ir à igreja porque dizem: "Minha igreja sou eu". Isso não existe. Isso não é igreja.

Quem é que pega uma latinha de cerveja e come um bife e fala: "Fiz um churrasco maravilhoso na minha casa"?

O gostoso não é o bife com a cerveja. O gostoso é a convivência. É ter as pessoas juntas, os amigos.

Tem gente que leva cerveja mais cara e tem gente que vai beber à custa dos outros. E na igreja existe aquele que vai fofocar e aquele que vai orar, mas o importante é você fazer a sua parte sem olhar se o outro fez a dele.

Não adianta querer ajudar o outro sem ajudar a si mesmo. O exemplo da máscara de oxigênio é básico: num avião em turbulência, use primeiro a sua máscara para depois poder ajudar quem está ao lado.

Se não estamos bem, não conseguimos cuidar de ninguém.

Eu preciso estar bem para ajudar os outros. Em qualquer aspecto da vida.

Em quem você confia?

Deus está olhando por nós em todos os momentos. Mas muitos de nós teimam em não enxergar ou aceitar que os desígnios Dele podem ser diferentes daquilo que acreditamos que seja bom para nós.

Temos uma visão limitada do todo e ficamos o tempo todo pautando nossas decisões pelo que achamos que vai acontecer e acreditando que sabemos o que é melhor para nós.

Todos precisam caminhar em uma determinada direção, mas precisamos fazer a nossa parte. E se fizermos a nossa parte sem Deus, o que acontece é que ficamos sem sustentação. Como quando sentamos numa cadeira sem um dos pés. Ela cai.

Assim, precisamos dessa estabilidade espiritual que a fé em Deus nos dá. A estabilidade pode vir em todos os níveis – física, espiritual, familiar. E a fé é importante para que possamos ter a certeza de que seremos cuidados.

Uma criança só repousa no colo de sua mãe porque ela confia na mãe. Sabe que está sendo olhada, cuidada, amada.

Meu filho, certa vez, aprontou uma, típica de adolescente. Iria acontecer a inauguração de uma lanchonete e ele pediu para ir com um amigo mais velho que tinha tirado carteira de motorista.

Exceto este amigo, todos tinham seus quinze anos.

Então, lá foi ele para a lanchonete.

O tempo passou, e nada dos dois voltarem. Comecei a ficar apreensivo e liguei para ele. Àquela hora, a lanchonete certamente já estava fechada.

Quando ele atendeu, ouvi ao fundo um barulho de sinuca e uma música alta.

– Onde você está? Na lanchonete tem sinuca?

Ele gaguejou e explicou que tinham estendido o passeio, já que todos estavam lá.

– Olha, filho; seu amigo é maior de idade. Até onde eu sei, você não poderia estar nesse lugar porque é menor de idade. Ou você pede para ele trazê-lo até nossa casa agora, ou terei que pedir para a polícia buscá-los, e ele vai se responsabilizar por isso, já que é o único maior de idade.

Do outro lado da linha percebi um sinal de raiva e insatisfação.

Embora contrariado, em alguns minutos ele estava na porta de casa, como havíamos combinado.

Deve ser difícil ser meu filho, porque os sermões são sempre bem elaborados e acontecem em qualquer lugar. Naquele dia, ele sabia que ouviria um.

– Eu sou seu pai. Responsável por você. Deus me confiou sua vida e eu vou cuidar de você o melhor que puder. Se você acha que pode confiar em amigos que enganam os próprios pais e fazem as coisas escondidos, está cometendo um grande equívoco.

Seu coração ainda carregava uma raiva implodindo no peito. Sentia-se envergonhado pelo que eu o fizera passar.

Mas aquele dia foi fichinha perto de um outro que estava por vir.

Toda a sua turma foi para a casa de um amigo, e um deles teve a infeliz ideia de pedir que desligassem o celular. Recolheram os celulares, desligaram a fiação da casa, de modo que todos ficaram incomunicáveis.

– Vamos passar todos a noite aqui – disse o dono da casa, cujos pais estavam viajando. – E ninguém vai poder contar para os pais.

Com medo de represália, todos obedeceram ao jovem líder.

Enquanto isso, nós, pais, ficamos em casa, apreensivos porque a noite avançava e não conseguíamos sequer saber onde todos estavam.

Liguei para o celular dele e dos amigos, e nenhum sinal. Resolvi esperar. Quando o relógio apontou três horas da manhã, Ana Paula, minha esposa, e eu percebemos que aquilo fora longe demais. Começamos a fazer ligações. Ligamos para os hospitais locais, para a polícia. Ficamos preocupados com todo tipo de problema que pudesse ter acontecido.

Foram três horas incessantes de busca e pavor.

Até que conseguimos falar com uma das amigas do colégio, que os entregou. Disse que estariam na casa do rapaz cujos pais viajaram. Telefonamos e nada de atender.

Então, usei os meus contatos. Contei para o chefe de polícia o que poderia ter acontecido, e ele se dirigiu com sua viatura até o prédio do tal amigo. Na portaria, o porteiro confirmou que estavam todos lá, mas a única alternativa era ter um mandato para entrar ali. Então, telefonaram para mim.

– Reverendo Aldo, é o seguinte. Podemos esperar um mandato ou podemos ligar o megafone e fazê-los acordar.

Não pensei duas vezes, aquela história já tinha se estendido por tempo o suficiente, e eu precisava me certificar de que ele estava a salvo. Então, munido de megafone, eles ligaram as sirenes e começaram a falar: – Leonardo Quintão, compareça agora à janela. Leonardo Quintão, compareça imediatamente à janela.

Todo o prédio foi acordado com aquele evento surpresa, até mesmo os meninos que haviam aprontado a brincadeira de mau gosto.

Quando chegou em casa, eu não sabia se ficava aliviado por vê-lo inteiro ou se o pegava pela orelha e lhe dava um sermão. Envergonhado, ele sabia o que eu ia dizer, mas tinha ficado extremamente constrangido com o que eu fizera.

Naquele dia, ele percebeu que deveríamos ter uma comunicação clara um com o outro. Que educar não é uma tarefa fácil e que eu não seria conivente nem compreensivo com tal comportamento.

Tudo posso Naquele que me fortalece

Ele era um juiz de Direito. Sua esposa trabalhava num tribunal. Pessoas que, quando estão desempenhando suas funções, parecem indestrutíveis.

Não naquele dia.

Naquela manhã eu estava diante de um casal completamente destruído e sem condições de se erguer física e psicologicamente. Os dois pareciam ter sido atropelados por um trator desenfreado. Não esboçavam sequer um sorriso e pareciam ter esquecido de tomar banho. Suas vestes amassadas denunciavam uma despreocupação absoluta com a aparência.

Era como se a vida para eles não tivesse mais razão para continuar.

Sem saber o que causara todo aquele sofrimento, pedi-lhes que entrassem. A mulher carregava uma bebê nos braços.

O homem começou a falar. Sabia que a esposa não teria forças para relatar o ocorrido, então antecipou-se.

À medida que começava o relato, seus olhos se enchiam de lágrimas. As veias de seu rosto, salientes e vermelhas, pareciam que iam explodir a qualquer momento.

Tinha acordado, como fazia todos os dias, e deixado seu filho de 4 anos na escola. Como de costume, partira para Guarulhos onde trabalharia em seu escritório. Lembra-se do percurso, das músicas que escutara, do trânsito que presenciara. Nada parecia diferente do habitual.

Quando entrou no escritório, tomou um café. Amargo. Aquele sabor ficaria em sua boca até que atendesse aquela ligação – pediam, da escola de seu filho, sua presença imediata.

O que haveria acontecido?

Não se lembra de como fizera o percurso em direção a Moema. A velocidade estava acima do permitido, e seu coração parecia querer sair pela boca. Tinha a impressão de que o tempo parara. Como nos filmes quando damos uma pausa para fazermos outra coisa.

Naquele momento, que parecia interminável, ele pensava nas mil possibilidades que poderiam ter sucedido na escola. Era uma sensação de horror.

Quando chegou à escola ninguém tinha coragem de encará-lo. Achou estranho. Como dar aquela notícia?

Implorou que falassem alguma coisa. Qualquer coisa. Estava devastado antes mesmo de saber o que havia acontecido naquela manhã.

Lembrou-se do beijo que dera em seu filho, das instruções para que tivesse uma boa aula. E se deu conta de que, naquela manhã, o menino teria aula de natação na escola.

Um sinal de alerta provocou em seu interior um verdadeiro alvoroço.

– O que aconteceu? – perguntou aflito.

Como em todas as aulas, logo após o término, a professora colocava cada um dos alunos na borda, um por um.

Ele tinha sido o primeiro.

Por descuido ou desatenção, ela tirara a boia do menino, e só foi perceber sua ausência depois que tirou todas as crianças da piscina.

Ninguém sabia responder se ele tentara entrar novamente ou se escorregara, mas, quando havia sido encontrado, já estava sem vida, no fundo da piscina.

Aquele homem parecia ter sido atingido por um punhal no peito. Congelou a expressão, em dor, e não conseguiu dizer mais uma palavra sequer.

As imagens de seu filho iam e vinham em sua mente, e ele não conseguia pensar em mais nada, só no adeus que havia dado ao seu filho naquela manhã. Na última despedida, no café da manhã corrido que tinham tido antes de irem para a escola, na blusa meio amassada que ele colocou dentro do *shorts* do menino e da mochila que quase esqueceram no carro.

Lembrou-se daquele sorriso pelo retrovisor, seu olhar curioso para a rua, com todas as cores e movimentos.

E lamentou pela vida de uma criança. Tão curta.

Os dois me encaravam, como quem pede um anestésico forte para um médico quando sente uma dor incapacitante.

– Eu não posso amenizar sua dor – comecei, entendendo que a dor da perda de um filho é a maior dor que uma pessoa pode sentir durante a vida. E continuei. – Mas tenho uma coisa para te dizer, essa filha será criada e educada com muito trauma ou nenhum trauma. Isso depende exclusivamente de vocês. O que vocês farão com essa situação? Depende de vocês.

Eles se entreolharam. Não havia respostas. Eu não as tinha. Como amenizar um sofrimento de alguém que se recorda do nascimento do filho como se tivesse sido no dia anterior? Como aplacar a dor ao ver uma cama vazia, num quarto montado, com os brinquedos ainda recém-tocados espalhados pelo chão?

Eu conseguia sentir a dor daquele casal, contudo sabia que eles poderiam ser fundamentais para o futuro daquela outra criança que traziam nos braços.

Naquele dia, ambos saíram dali em silêncio, e até a bebê colaborou em não chorar. Nos dias que seguiram, vi-os na primeira fila dos bancos da igreja. E conforme as semanas foram passando, eu percebia que o coração deles ia ficando cada vez mais aliviado. Ainda sofriam, mas tinham uma certa resignação e pareciam dispostos a seguir adiante com suas vidas.

Quando a morte da criança completou um ano, eles resolveram, finalmente, expor a dor. Dizem que a exposição de nossas cicatrizes nos liberta e cura, e talvez por isso seja tão difícil mostrar nossa vulnerabilidade, escancarando aquilo que escondemos diariamente.

Assim que colocamos a foto do menino no telão da igreja e pedimos uma oração em memória a um ano de sua morte, eles pareciam mais serenos, apesar da cicatriz que ficara.

A libertação daquela dor veio selada por uma gravidez. Quando ela se abriu para o amor, engravidou novamente e ganhou um novo integrante em sua família – Rafael.

O significado do nome "Deus curou" ou "Curado por Deus".

E Deus cura. Cura nossas dores, consola nossas tristezas e, apesar dos desafios que serão constantes em nossa vida, mostra os caminhos para aliviarmos nossa dor.

Aquele homem, que mal conseguia se controlar naquele dia em que me procurou, passou a coordenar a área jurídica da igreja e se tornou meu braço direito na catedral.

Da dor, que nos aproximou, brotou uma amizade sincera e fraternal. O casal se fortaleceu cada vez mais, e seguiram adiante, sem mágoas, arrependimentos ou angústias.

Era hora de viver.

Existe bem e mal?

Costumo dizer que o mal em sua essência não é mal. Muitas vezes pessoas com a essência boa são levadas a cometer crimes que as fazem parecer ruins. São aquelas pessoas que acabam se tornando vítimas do próprio destino, perturbadas com os acontecimentos que não a satisfazem ou as destroem. São pessoas que carregam, além de uma precária coragem, uma tristeza na alma que não as deixa saber para onde ir.

O bem e o mal podem ser interpretados de várias maneiras. Há quem classifique o divórcio como um mal. Mas será que, num casamento em que ambos se detestam, pode haver amor? Num casamento sem ternura, sem respeito, com traições, violências e tristezas contínuas, pode haver felicidade?

Sou categórico ao afirmar que não.

Talvez seja perigoso demais tentar julgar e condenar um divórcio, colocando o divorciado dentro de uma "casta diferenciada", como se fosse alguém que não é digno do amor de Deus.

Muitos persistem em casamentos ruins, com medo do que lhes pode acontecer caso deem um passo adiante na vida.

Com essa menina, aconteceu algo ruim. E a conheci num momento triste de sua vida. Tão triste que ela mal conseguia contar o que havia acontecido em sua vida.

Era daquelas tristezas que a pessoa recolhe para si para não espalhar em todos os cantos. Seus olhos carregavam uma culpa que não era dela, e um jeito de falar que trazia à tona quase um pedido de desculpas.

Seu coração sabia que ela fizera o certo, no entanto as pessoas a incriminavam. O tribunal dos familiares já a excluíra do convívio familiar, e ela corria em busca de abrigo e compreensão.

Muçulmana, viera para o Brasil trazendo consigo os costumes de seu povo. E seu marido, apegado às suas raízes e cultura, levava a vida que era comum por lá. Tinha várias mulheres, amantes, e dominava a esposa, não lhe dando o direito de emitir opinião alguma.

Aos poucos, ela foi percebendo que estava presa numa relação que não a fazia feliz. Pelo contrário. Aquela moça vivia com medo de tudo durante o dia por causa dos constantes espancamentos e das terríveis humilhações constantes do marido.

Seu medo era tão grande, que não cabia dentro do seu peito. Era comum que se escondesse no quarto quando ele chegava para que não descontasse nela sua insatisfação com o mundo.

Mas aquela mulher, embora criada dentro de uma cultura específica, sabia que não havia justificativas para os desajustes do marido, e resolveu ir embora.

Pegou o filho e saiu de casa, acreditando que sua família a apoiaria, já que todos sabiam o que ela vivia diariamente.

Entretanto aconteceu algo inusitado, todos lhe viraram as costas.

Ninguém a aceitou. Primos, avós, amigos. Todos de seu círculo social a condenaram por sua atitude. E ela se viu totalmente desamparada.

Quando bateu à minha porta, estava triste e acuada. Contou sobre o sofrimento que se abatera em sua vida, sobre sua dificuldade em se desvencilhar daquela teia que fora construída para oprimir sua voz, e como nenhum familiar lhe estendera a mão.

Subitamente senti um nó na garganta. Sua coragem de enfrentar uma cultura como aquela dera-lhe um toque de ousadia que a fazia se movimentar. Acolhi-a na comunidade, onde foi apoiada e ganhou confiança para perseverar na vida.

Muita gente desiste da vida antes dela acabar. São essas pessoas que acabam aceitando o sofrimento.

Quem poderia arriscar julgá-la por abandonar o marido e sua cultura? Quem poderia condenar aquela mulher?

Certamente, ela tinha, como qualquer um de nós, o direito à felicidade.

Desde então, ela passou a frequentar a igreja e, no dia que comungou pela primeira vez, seus olhos brilhavam com uma felicidade sem igual.

Como tinha sido julgada por muitos, hoje faço o questionamento: o que é a comunhão?

O Cristo. E se Jesus estivesse vivo nos dias atuais, com certeza Ele seria o primeiro a acolher uma mulher em suas condições.

Jesus limparia suas lágrimas e a abraçaria diante de seu sofrimento.

Nada aproxima mais as pessoas do que o amor. E amar é uma atitude tão simples. Nos privamos do amor, deixamos de compartilhar gestos de amor e acabamos secando como frutos que não amadurecem e apodrecem.

Amor é para ser compartilhado. E quando ficamos muito tempo sem conseguir amar, sem saber expressar o amor, começamos a deixar a tristeza nos abater.

Perdoar para crescer

Conheço um menino cujo brilho no olhar o tornava especial. Era um garoto contente que tive o prazer de ver crescer. Todavia o pai o abandonara, e ele não conseguia entender o porquê, nem o perdoar.

O perdão é uma coisa bonita de se dar e de se receber, e ele faz com que a gente se torne mais fortes diante das tempestades da vida. Mas é difícil reconhecer os motivos do outro, ou entender o porquê de certas pessoas tomarem determinadas decisões.

Quando menos esperava, viu seu pai morrer. Ou melhor – soube de sua morte por meio de uma mensagem.

Para quem não perdoou em vida, ver o corpo do próprio pai, gelado, em cima de uma maca, com uma etiqueta perto do dedão do pé com o nome, é coisa difícil de se viver.

Difícil porque toca dentro do coração da gente. E para mim, que estava ao lado dele naquele momento, foi uma dose quase letal de realidade.

Aquele menino permaneceu ali, diante do corpo do pai, sabendo que sua alma não estava mais entre nós, e que aqueles ouvidos não podiam escutar nenhum sussurro, que não haveria uma última conversa ou explicação qualquer, que a vida se encerrava, num ambiente onde ninguém nem sabia o seu nome e nem conhecia sua história.

Ele não gritou, porém sua dor podia ser sentida a metros de distância. Era uma dor tão forte que chega a refletir em quem está por perto.

Segurei sua mão com firmeza. Não estava fria, nem quente. Tinha a temperatura de quem estava em estado de choque. De quem tentava reprimir os soluços e enfrentar uma cena com coragem.

E ele era só um menino que tinha crescido demais para sua idade.

Silenciosamente, fiz uma oração e pedi sabedoria. Logo ele me fitou. Seu semblante era de quem pedia socorro. E nos abraçamos, antes de fazer uma oração, juntos.

A única coisa que lhe disse em relação ao pai é que ele não poderia julgá-lo. Nunca sabemos o que leva as pessoas a tomarem certas atitudes em suas vidas.

Apontar culpados, deixar o indicador em riste e recriminar as pessoas é algo fácil de se fazer. Não dava para reconstruir aquela história, pois ninguém conhecia seus sentimentos, seus traumas, seus medos.

O medo de uma pessoa pode fazer com que ela cometa pequenas loucuras.

O menino acenou com a cabeça e, no dia seguinte, estávamos no funeral, juntos.

A partir daquele dia, nosso vínculo ficou mais forte, e ele começou a visitar a igreja com uma frequência maior.

Enquanto orava a Deus, pedia forças para suportar seu passado e entender o que havia acontecido, e estancar aquela dor provocada pela morte de uma pessoa com a qual não tinha convivido, mas que ainda fazia falta.

Era mais difícil do que parecia. E ele repentinamente sumiu da igreja. Sem dar notícias, desapareceu depois de faltar em uma ou duas missas seguidas.

Fiquei preocupado, contudo sabia que estava vivendo um período turbulento.

Foi nesse período que recebi a ligação de sua mãe. Sua voz denunciava que algo havia acontecido. E que era grave.

Nervosa, mal conseguia falar.

– Meu filho foi preso – ela gaguejava ao telefone. – Ele está na penitenciária, no meio de bandidos.

Um filme foi passando pela minha cabeça, e eu mentalmente revia aquelas cenas da vida do garoto. Toda história daquele rapaz que não tinha conseguido superar os acontecimentos que haviam ocorrido em sua vida.

Triste, num momento de fraqueza emocional, encontrara um grupo com uma forte liderança, que o convencera a participar de algumas atividades ilegais.

A princípio, parecia com uma brincadeira emocionante que não os colocava em perigo. E ele aceitou.

Só que a brincadeira envolvia um desvio de conduta. Eles eram uma quadrilha especializada em roubo de carros, que se esmerava em não abordar ninguém ou machucar, mas levavam o carro sem o menor pudor.

A estratégia era a seguinte: dois deles roubavam o carro, levavam-no em um local afastado e iam embora, deixando-o por algumas horas para ver se havia rastreador que pudesse localizá-los. Quando não havia, voltavam no local do crime, pegavam o carro e partiam, como se nada tivesse acontecido.

Quem era o responsável por ir até lá, pegar a chave no pneu do carro e levar o carro era ele. Porém, naquela tarde, a polícia já rastreara o carro e o aguardava para pegá-lo em flagrante.

Assim que pegou a chave e ligou o carro, foi surpreendido com um mandato de prisão.

O delegado havia concluído que o menino era um testa de ferro, mas dizia que tinha cometido um crime. E isso era inegável.

O pedido de sua mãe era claro: ela queria que eu intercedesse pelo filho.

– Ele está com vergonha de receber o senhor, mas disse que nunca mais fará nada parecido. Que não quer viver lá dentro. Ajude-o, por favor. Se o senhor escrever uma carta para o juiz, teria um grande peso.

Ajoelhei-me diante do altar antes de tomar uma decisão. Sabia que aquele menino tinha bondade no coração, mas tinha cometido uma infração penal. Então, peguei um papel, uma caneta, e me sentei diante da escrivaninha, na tentativa de explicar, numa carta, a história daquele menino.

Meu pedido era claro: eu queria uma liberdade provisória para ele, já que era réu primário.

Aquela carta teve o efeito esperado. E ele conseguiu a tão esperada liberdade condicional.

No dia em que saiu da prisão, abraçamo-nos e ele fez um gesto de quem estava arrependido. Era um arrependimento genuíno. Um olhar que trazia um ensinamento para toda uma vida.

E ele voltou para a igreja. Vinha com frequência, fazia suas orações, cuidava de sua conduta e, principalmente, de seu do coração ferido, cuja dor estava sendo estancada. Ele aprendera com aquela dor. E seu sofrimento o levara para outro patamar. Tinha convicção de que a escola da vida havia mostrado os caminhos certos.

O tempo se passou e fui observando seu comportamento e acompanhando aquele menino de perto.

Até que, certa tarde, ele me trouxe a notícia. Era uma feição diferente daquele dia que recebera a notícia da morte do pai. Longe de denotar qualquer sinal de tristeza. Ele era pura expressão de felicidade.

Havia se passado um ano de sua saída, e ele anunciava que ia cursar uma faculdade.

Meu coração deu pulos de alegria. Era como um recomeço. Já tinha iniciado um trabalho bem-sucedido numa *pet shop* da região, e o dono havia gostado de seu trabalho. Por isso resolvera seguir uma profissão: inscreveu-se no vestibular de veterinária e faria o curso, dando um novo sentido para sua vida.

Da dor brotava o amor. Da morte, um renascimento. Da tragédia, um recomeço.

Essas histórias, que enchem meu coração de felicidade e soam como música para meus ouvidos, fazem-me acreditar no ser humano e no quanto somos capazes de dar um novo rumo para nossas vidas, mesmo após grandes períodos de sofrimento. E que atitudes que nos desvirtuam de nosso caminho não podem mudar nossa essência. Quem julga, será julgado. Quem condena, será condenado. Quem perdoa, será perdoado.

E, assim, seguimos a vida, com a doce coragem de quem tem história para contar.

O voo da águia

Era uma manhã de agosto. Ela calçou os chinelos e saiu.

O dia estava nublado, caía uma garoa fina, fazia frio e ela andava pela praia olhando para o céu. Chorava. Suas pernas estavam bambas, os olhos encharcados de lágrimas. Ela andava sem rumo, mas sabia que não estava sozinha. Deus a estava carregando nos braços com seu coração entre as mãos.

Ela só conseguia chorar e perguntar: por quê?

O dia anterior tinha sido o dia do enterro do seu marido. Um homem jovem, lindo, forte, com os olhos azuis, que a fizeram se apaixonar à primeira vista.

Eles haviam se conhecido dez anos antes, e formavam um casal que todo mundo dizia ser perfeito. Tinham um casal de filhos gêmeos, que eram encantadores.

Frequentavam bons restaurantes, viajavam, pagavam boa escola para as crianças, tinham muitos amigos.

Até o dia em que uma terrível crise financeira que assolava o país chegou até eles. Os imóveis foram vendidos, as viagens e os restaurantes foram ficando no passado e as dívidas se acumularam.

Ele foi entrando em depressão e ficava um pouco mais triste a cada dia. Foi perdendo o brilho, o ânimo, e seus olhos azuis agora eram os mais tristes que ela jamais vira.

Ela nunca mais se esqueceria da última vez que olhou para aqueles olhos. Ele havia chegado mais cedo do trabalho, nervoso e preocupado, como era comum nos últimos dias. Não quis comer nem tomar banho. Ela sentou ao seu lado e colocou a cabeça dele em seu colo. Ficaram ali por alguns segundos e ele se levantou para acender um cigarro. Ela foi até ele e se sentou em seu colo: – Estou com você, você sabe. Eu te amo. Estamos juntos.

Ele não falou nada.

Naquele dia, ele estava mais estranho e triste do que de costume. Mas ela tinha uma reunião agendada, então se vestiu, disse "eu te amo", beijou-o e saiu.

Vinte minutos depois, uma voz desesperada do outro lado da linha lhe dava a notícia da morte do marido: num momento de fúria e desespero, aquele homem voou da janela do quarto deles, no oitavo andar.

Ele a deixou sozinha, com os dois filhos, sem casa e com uma dívida imensa que ela não tinha condição de pagar.

Você não entende os motivos agora, disse uma voz em sua cabeça.

Enquanto andava pela praia naquela manhã, acompanhada pelas gaivotas e pela chuva fina, ela ia conversando com Deus.

Eram só ela e Ele naquele momento.

– Tudo sempre esteve programado. Seu marido veio para te mostrar como é estar apaixonada e viver intensamente. Ele veio para te ensinar o que é o amor de mãe. Ele foi maravilhoso e te deu muito mais do que ele era capaz de imaginar. Ele venceu seus limites, lutou por você, mudou por você. Ele mudou você. Até o que você acha que foi ruim, na verdade foi bom. Ele veio fazer exatamente isso. Assim foi feito. E ele cumpriu o papel dele com mérito e superou todas as expectativas. Ele foi um guerreiro, um vitorioso, um anjo em sua vida. E ele foi embora assim como chegou: de repente, sem pedir licença, com violência e paixão. Com intensidade. Está tudo exatamente como tem de ser. Está tudo bem. Você não está sozinha.

Ouvindo a voz que vinha da sua cabeça, ela não conseguia parar de pensar no que o marido acabara de fazer. Ele voara por aquela janela aos 43 anos de idade, exatamente como a águia que se recolhe nessa mesma fase da vida para fazer um novo recomeço.

Era a fase mais difícil da vida dela. Mas sem esse processo doloroso, ela não conseguiria dar continuidade à outra metade da sua jornada.

E então ela o perdoou. Ela o perdoou por ter pulado, por ter falido, por ter amado. Ela o perdoou por ele ter deixado os filhos, ela, a família e os amigos. Ela o perdoou por sua escolha. Ela aceitou.

Sua palavra de ordem a partir daquele dia foi "desafio". E ela o venceu, porque, depois, contou essa história e o aprendizado extraído dela.

Recolheu os caquinhos, levantando da cama cedo todos os dias, doando-se um pouco mais, e venceu. Para ela, o segredo foi acreditar em Deus sabendo que uma força maior e uma inteligência superior comanda tudo isso e sabe o que está fazendo.

Ela atribui sua força a acreditar em Deus. E quando o chão falta sob seus pés, entende isso. Quando nada mais resta, aprendemos na raça o que é ter fé.

Ela escolheu, apesar dessa tragédia, ser feliz, fazer dessa história não uma história triste, mas uma lição de vida.

Costumo dizer que a pessoa que se mata não quer se matar. Ela quer arrancar a dor. Ela não conhece um mecanismo que lhe dê um autocontrole da dor.

Esse é o segredo da vida. Conseguir controlar e transformar a própria dor.

Ao mesmo tempo, precisamos entender que existem maneiras que podem nos trazer alternativas que nos permitem fugir dessas situações que aparentemente se apresentam como limitadoras.

Sempre gosto de relembrar da história do náufrago que, sozinho, foi parar numa ilha e, com muita dificuldade, recolheu folhas, cipós e pedaços de madeira para construir uma cabana que pudesse abrigá-lo nas noites frias.

Até que, uma semana depois do ocorrido, já com a cabana pronta, uma tempestade se abateu naquela ilha, provocando raios e trovões. Fatidicamente, um dos raios caiu justamente sobre a cabana que pegou fogo imediatamente.

Ele se ajoelhou, ficou em pânico, com raiva, por ter perdido o lugar onde se abrigaria e, diante daquela fumaça, ouviu o som da sirene de um navio se aproximando.

Enquanto vociferava palavras contra Deus, surgiu o resgate. As pessoas saíram do navio para resgatá-lo e parabenizaram por sua inteligência.

– Mas como vocês me encontraram? – perguntou.

– Pelo sinal de fumaça – disseram, sorrindo.

Muitas vezes, períodos que parecem tempestades podem trazer soluções ocultas. E é o que sempre digo para quem se encontra em aflições financeiras. Elas podem representar uma derrocada numa área da vida, mas se transformar em molas propulsoras de novos negócios em outras.

Basta saber enfrentar a dor e entender o que aquela situação nos quer ensinar.

Se é para voarmos feito águias, voemos com o olhar das águias, que conseguem enxergar tudo a distância.

Deixe que as horas passem. O tempo pode te mostrar as soluções.

Luz e escuridão

Algumas mulheres nasceram para brilhar. E ela definitivamente tinha nascido. Era daquelas cujo entusiasmo fazia com que todos ao seu redor fossem contagiados por tanta alegria.

Alguns nascem dotados com essa facilidade para encantar. E ela fazia bom uso de tal talento, já que além de ver sua estrela brilhando constantemente, era uma excelente profissional. Em sua área profissional, não havia ninguém que pudesse fazer o que ela fazia de um jeito melhor.

E quem não quer um profissional assim?

A empresa onde ela trabalhava percebia todo esse potencial e fazia de tudo para não perder aquela mulher, cujas habilidades atraíam os clientes.

Não demorou para se tornar uma alta executiva dentro da corporação em que trabalhava. E, além do excelente salário, ela contava com todos os benefícios que alguém em sua posição poderia desfrutar.

Tinha uma vasta rede de contatos, era bem quista por todos, não se preocupava sequer em pagar a conta do restaurante em que almoçava, já que a empresa se encarregava de tudo. Gasolina? O posto onde abastecia o carro era conveniado com seu empregador. Portanto, na área financeira, aquela mulher não encontrava nenhuma dificuldade. Pelo contrário. As portas estavam sempre abertas para ela, o cartão de crédito era sem limites e a abundância era presente em todos os momentos.

Só que sua vida pessoal não andava lá essas coisas – ela não tinha um marido, tinha um encosto. Encosto, sanguessuga, ou o que queira chamar o homem que a colocava para baixo em todos os instantes em que lhe surgia alguma oportunidade.

Muitos me perguntam se sou a favor de divórcios, e eu gosto de deixar claro que não há nada tão harmonioso como uma família quando um casamento é uma via de duas mãos, e os dois estão empenhados em fazer o bem um para o outro, semeiam o amor, a paz e uma convivência saudável.

Mas não há nada mais pernicioso do que um relacionamento em que um dos dois tenta roubar "a luz" do outro. E isso é mais comum do que se imagina.

Costumo dizer que homens e mulheres deveriam se empenhar em conhecer melhor a outra pessoa antes de juntar os trapos. No caso dela, uma mulher entusiasmada e cheia de energia, os homens ficavam atraídos com frequência, e ela tinha se envolvido rápido demais para entender em que jogo estava entrando.

E aí vai um conselho para quem quer juntar as escovas de dentes: é importante conhecer o outro antes de dar um passo que vai fazer com que as vidas fiquem unidas. É vital saber com quem se pretende compartilhar a vida, as manhãs, as noites insones e o fim do dia quando chegamos exaustos em casa.

No caso dessa executiva, o problema é que o marido minava sua energia.

Aos poucos, foi tirando tudo que ela tinha, até mesmo seu brilho, que era sua maior força. Só que quando aquela luz toda se apagou, restou uma mulher-zumbi, que ia para lá e para cá nos compromissos de trabalho, sem sequer sorrir ou fazer seu trabalho de forma satisfatória.

E o mundo quer que você produza – como dizem os americanos "não tem almoço de graça". As empresas não são paternalistas. Sem uma entrega efetiva de resultado, seus superiores começaram a perceber que seu rendimento estava caindo demais. As cobranças começaram, o que só piorava a situação dela.

Como era muito boa no que fazia, quando mudou a maneira de trabalhar, todos notaram. E não demorou para que perdesse tudo. O emprego, as incríveis condições de trabalho e todos aqueles benefícios que faziam com que ela não se preocupasse com nada.

Em paralelo, conseguiu se livrar do homem que a perturbava. Mas a queda não foi fácil. Sentindo-se sem chão, deixou-se ir para o fundo do poço. Seu estado era tão drástico que ela só queria ficar trancada dentro do quarto, sem sequer ver a luz do dia.

Os dias foram se passando e as coisas só pioravam. Entrou numa depressão que a levou à escuridão absoluta. Nas frestas da janela, colocava fita-crepe para que não entrasse nenhum feixe de luz.

A luz que ela tanto emitira passara a ser sua pior inimiga. Queria se alimentar da escuridão. Estava vivendo seu momento mais tenebroso e difícil. E não havia uma só alma que a fizesse se levantar da cama.

Assim, sem trabalho ou ânimo para sair de casa, suas economias foram sendo engolidas pelas contas a pagar. Quando ousamos tirá-la dessa situação, teve medo. Medo de enfrentar a vida, de levantar da cama, de sair daquele estado.

Muita gente se sente assim em determinados momentos da vida. Aquela vontade de dormir até que o tempo passe e leve os problemas embora. Aquela sede de escuridão, para que não sejamos vistos. Uma vontade de sumir, desaparecer por completo da existência.

Alguns se entregam a esse estado. Outros percebem que a vida pode ser uma interminável e milagrosa semeadura de oportunidades, principalmente quando pedimos ajuda, levantamos as mãos para o Céu e pedimos a intercessão de Cristo, rogando misericórdia. Quando deixamos que as outras pessoas conheçam nossas dores e nos permitimos ser ajudados, muitas portas podem se abrir.

No caso dela, a luta foi intensa e o desafio foi grande. Como ela mal conseguia sair de casa, ia até as missas esporadicamente, e não se empenhava em nenhuma tarefa com afinco. Entretanto precisava de dinheiro para que pudesse se sustentar.

Começou a revender camisas na igreja e conseguimos um trabalho na empresa de um amigo meu, que, caridoso, mesmo sem precisar de uma pessoa em determinada função, contratou-a para que pudesse ter uma motivação para sair de casa.

Aos poucos, com dignidade, ela foi reconstruindo sua vida. Reorganizou a bagunça interna que havia sido feita em sua vida e entendeu que era necessário avançar um passo por vez para que as coisas entrassem em movimento.

Como sabia de sua excelência em relacionamento, convidei-a a fazer parte da equipe de acolhimento dentro da igreja. E, logo depois, convidei-a a mudar de horário, para ficar em uma missa de maior movimento.

Seu trabalho era fantástico, e ela, a cada domingo, destacava-se por sua atuação acolhendo os fiéis.

Certo dia, percebendo um grande número de pedidos de fiéis em depressão, pedi a ela se poderia contar sua história de renascimento.

Ela subiu ao altar, e contamos como foi sair daquele quarto escuro até se tornar uma referência de luz para os amigos.

Ainda não voltou a namorar, aborrecida com o passado, mas sabe que é melhor se reerguer do que estar com alguém que possa derrubá-la de novo.

Muitas vezes, é melhor esperar o Sol se erguer por completo a acelerar as coisas.

Naquele domingo que ela subiu no altar, depois de contarmos sua história, percebi que ela ainda estava se privando de algo.

– Perceba se está faltando algo para você ser feliz. E eu vou dizer o que é. Dizem que a ordem dos fatores não altera o produto. Mas, às vezes, altera. Denise, seja Nise e Dê.

Ela arregalou os olhos e suas maçãs do rosto ficaram vermelhas até que a igreja explodisse numa gargalhada contagiante.

– Vai ser feliz, meu amor – completei, explicando às pessoas que não é pecado algum quando se abrem para a vida.

A vida é feita de recomeços

Ele tinha 72 anos e sempre ia em minhas missas.

Certo dia, acordou indisposto e foi parar no hospital. Havia sofrido um infarto.

Enquanto os médicos contornavam a situação, sua família procurava o número de meu celular para me alertar do ocorrido, e pedir ajuda.

Comumente, recebo pedidos de urgência de fiéis que estão em hospitais. E confesso que se eu pudesse elencar as coisas de que mais gosto em minha rotina, certamente a visita aos fiéis em hospitais estaria no *ranking*.

Sinto-me honrado de fazer parte da história de cada pessoa que comunga naquela igreja, e faço o possível para estar presente sempre que posso. Principalmente quando as pessoas precisam de força espiritual.

Peguei o carro e corri para o hospital Albert Einstein, famoso em São Paulo pela excelência no atendimento. Enquanto subia penosamente os vários lances de escada, depois de passar pela recepção, colocar a vestimenta obrigatória para entrar na UTI, ingressei no longo corredor que dava acesso ao seu quarto.

Sabia que sua família me esperava ansiosa, mas quem me recebeu não fazia parte do núcleo familiar daquele senhor.

Uma mulher que estava reservada num canto qualquer, com uma expressão desconsolada, abordou-me timidamente antes que eu prosseguisse pelo corredor.

Seus olhos pediam socorro antes mesmo de pronunciar qualquer palavra.

– O senhor é padre?

Estava atenta aos meus gestos, mais do que às minhas palavras.

Tinha seus 28 anos, cabelos enrolados e um sorriso na boca. Aquele tipo de sorriso de quem tenta ser forte num momento de dor, mas que mostra todo o desespero que habita na alma.

Parecia que tinha uma tremenda energia, porém toda aquela alegria de viver fora represada por um acontecimento trágico. Ela parecia ter uma misteriosa habilidade de se comunicar silenciosamente.

Expliquei que não era da Igreja Católica, e mesmo assim ela pediu uma bênção para o marido que se encontrava numa sala da UTI.

– Não importa. Só quero uma bênção para meu marido que está lá dentro. Ele sofreu um acidente de moto. Dito isso, fechou a cara. Teve medo de dar mais detalhes e denunciar o que intimamente sabia.

Percebi a terrível tensão que ela estava sentindo. Era como se soubesse o que estava prestes a acontecer, contudo lutasse contra a realidade.

Concordei em visitá-lo para dar uma bênção e pedi que esperasse. E me dirigi ao outro quarto, onde o jovem senhor, aos 72 anos, parecia bem-disposto. Apesar do susto e da preocupação da família, ele não sabia, mas sairia ileso e cheio de vida dois dias depois do incidente.

Saí dali e fui fazer a higienização antes de entrar pela porta do quarto de UTI do motociclista. Quando o vi, musculoso, sem nenhum arranhão na pele, sobre a maca, fiquei imaginando o que poderia ter acontecido. Pedi que o médico me dissesse a verdade.

– Aquela moça está lá fora. O que digo para ela quando eu sair? – perguntei diretamente.

Ele foi categórico ao afirmar que as chances de que ele sairia vivo eram poucas. Acreditava na morte cerebral, já que a pancada na cabeça fora muito forte.

Fiquei olhando para aquele corpo, atlético, de um jovem de seus 30 e poucos anos e fatalmente pensei nas ironias da vida. Discretamente fiz uma oração e abençoei sua partida. E, ao sair dali, ela me aguardava com lágrimas nos olhos.

– Tenho duas coisas a lhe dizer – comentei.

Ela respirou fundo. Eu poderia dar palavras de encorajamento, dizer que ela precisava ter fé, enaltecer sua coragem, mas ela merecia ser tratada com respeito. E eu não iria respeitá-la se faltasse com a verdade.

– Ele não vai sair vivo daqui – disparei.

Ela não esboçou reação alguma.

– E a segunda? – perguntou-me dirigindo um olhar tranquilo e paciente.

– Eu vou casar você na minha igreja.

A palavra "casar" foi instantaneamente assimilada e ela parecia ter levado um susto. Tinha que ter muita coragem para dizer aquilo com seu marido na UTI.

Naquele momento, ela segurou minhas mãos, e uma onda de ternura a invadiu, fazendo com soltasse a tensão acumulada nos ombros.

A confirmação daquela profecia se fez alguns anos depois, enquanto, curvada diante do altar, ela derramava lágrimas de alegria por ter encontrado uma outra pessoa e deixado seu coração saborear o amor novamente após a morte repentina do marido.

No mesmo momento em que as câmeras davam *closes* e os *flashes* disparavam, ela sorria com uma alegria que poucas vezes vi no olhar de alguém.

Parecia sentir-se plena.

Passaram a frequentar a igreja, seu marido se tornou um grande colaborador dentro da catedral e, quando menos esperava, veio a gravidez, seu grande presente divino.

Hoje, quando conto sua história na missa, ao lado de seu filho de três anos, fruto desse recomeço, relembro que uma alegria destrói todas as tristezas que podem ter ceifado nosso entusiasmo pela vida, e recomeços que surgem após momentos de dor e que nos tornam mais fortes.

Sempre é tempo de recomeçar. Não vale a pena rastejar com a dor da amargura e levá-la consigo enquanto grandes histórias de amor nos esperam na esquina.

Permita-se.

O maior presente do mundo

O casamento tinha sido daqueles de cinema. As flores do campo perfumavam o altar e sua expressão era de alegria. Ela se sentia realizada. Antes de descer do altar, deu um beijo na testa da avó, sentada na primeira fila. Já havia comentado o quanto aquela presença era especial, uma referência de vida, inspiradora e sempre próxima.

Quando voltou da lua de mel, ela sentiu uma angústia difícil de explicar. Os meses foram passando e, mesmo sem evitar, a gravidez não acontecia. As tentativas começaram a ser mais frequentes, pontuais, nas datas certas.

Mas, a cada mês, ela via seu sonho escorrer com o sangue que descia entre suas pernas.

Convicta de que teriam um filho, começou a tentar por meio da fertilização. E, quando isso aconteceu, sua avó adoeceu.

No dia que nos encontramos, ela pedia, com o coração repleto de medo:

– Reverendo, a vovó está nas últimas.

Eu sabia que suas palavras estavam certas e fui visitar a sua avó.

O olhar daquela neta demonstrava sua paixão indisfarçável. Tinha tanto a contar sobre tudo que tinham passado juntas ao longo da vida, mas não conseguia dizer nada.

Foi então que, num momento de consciência em que confundia o passado com o presente, ela pediu à neta que pegasse sua bolsa. Falava com a menina como quem conversa com uma criança de seis anos.

– Pega o dinheiro da vovó na carteira. Compra o que quiser para você.

A neta sentiu os olhos se encher de lágrimas. Lembrava-se do gesto da avó quando era criança, mas havia crescido.

– Vovó, não tem dinheiro aqui.

– Me dá um cheque então – sussurrou a avó.

Ela arrancou uma folha de cheque e deu para a avó, que pediu uma caneta e rabiscou naquela folha em branco.

– Com esse cheque você vai conseguir aquilo que mais quiser.

Passados alguns dias, a avó faleceu.

Saindo do enterro, aproximei-me dela. Segurei em suas mãos, frias e molhadas com as lágrimas insistentes que não paravam de jorrar de seus olhos, e falei:

– Você vai pegar essa folha de cheque e colocar num quadro. Olha o amor dessa avó por você. Ela queria que você tivesse aquilo que mais quisesse.

Passaram alguns meses, ela ficou grávida. E entendeu o significado daquele gesto.

Aquele gesto representava o maior presente que sua avó deixaria por toda sua vida.

Perdoai-nos as nossas ofensas

Numa manhã qualquer, cheguei a uma clínica de repouso onde só descansavam doentes terminais. Como de costume, vou de quarto em quarto, peregrinando e, em um deles, encontrei um paciente com câncer no cérebro. Ele dizia apenas: – Perdão, perdão, perdão.

Suas palavras ecoavam pelos corredores. E "perdão" é uma palavra forte o bastante para passar despercebida. Ela é parente do amor.

Eu insistia em dizer que ele já havia sido perdoado, que Deus o perdoaria, mas ele continuava o monólogo.

Curioso por natureza, fui abordar uma enfermeira para entender do que se tratava – e ela me disse que conversaria com a mãe do rapaz para entender aquela situação.

Voltei depois de alguns dias e ela já havia conversado com a mãe daquele paciente que conseguira chamar minha atenção. A mulher relatara que ele havia brigado com o outro irmão e ambos tinham saído no tapa quando eram mais novos. A briga tinha sido feia e eles nunca mais haviam trocado uma palavra sequer.

E depois do câncer, o irmão nunca o foi visitar.

Para a medicina, era estranho e peculiar aquele caso, já que não havia chances de sobrevivência, e ele continuava vivo, e repetindo sempre as mesmas palavras.

Foi então que decidi procurar aquela mãe. Numa tarde em que ela saía do quarto do filho, eu a abordei, convicto de que precisávamos conversar. Literalmente, intrometendo-me naquela relação familiar, pedi a ela que implorasse ao irmão que o visitasse, nem que fosse para mentir que o havia perdoado.

– Peça a ele que faça esse gesto de caridade ao irmão.

Menos de uma semana depois, o irmão dirigiu-se ao hospital. No entanto estava comovido. Sentou-se ao lado da cama e chorou, segurando a mão do irmão.

Os dois haviam aceitado o perdão um do outro.

Na manhã seguinte, aquele homem descansou.

Dizem que não há nada mais libertador do que descansar depois que perdoamos e que somos finalmente perdoados.

As voltas que a vida dá

O casamento estava marcado. Ele estava ansioso, mas repentinamente adoeceu, e ninguém sabia explicar o porquê.

Quando foi fazer os exames, veio a notícia, impactante o bastante para não ser ignorada.

Leucemia.

Aquele diagnóstico parecia assustador.

E as coisas foram acontecendo numa velocidade alucinante. Até o transplante, que parecia improvável, foi agendado com rapidez.

Havia alguém compatível na família, e ele só tinha um único pedido, queria se casar antes da operação.

Todos ficaram surpresos, mas ele sabia que, ao fazer o transplante, sua vida recomeçaria do zero, e ele passaria muito tempo em recuperação.

Fizemos um casamento simples, e ele se sentiu pronto para o transplante. Depois que a cirurgia foi feita, ele se sentia mais forte, mesmo com a fraqueza do corpo físico. Estava ao lado de sua esposa.

Mas nem todos conseguem desenrolar os fatos com tanta rapidez.

Certa vez, um rapaz do Paraná adoeceu repentinamente e precisou fazer um transplante urgente. Seu fígado estava quase parando de funcionar, e não havia doador disponível. Era um caso de vida ou morte. E, nesses casos, não tem como ficar parado esperando o pior acontecer.

Em Santa Catarina, as pessoas diziam que poderia haver uma chance. Mas ele não poderia viajar de avião até lá. Então ele foi de ambulância, em sua última tentativa para sobreviver. Se houvesse um órgão disponível, ele queria estar perto o suficiente para recebê-lo o quanto antes.

Contudo quem diria que, no caminho para Santa Catarina, a ambulância quebraria?

No meio da estrada, o paciente saiu da ambulância com o soro pendurado, e pedia ajuda no meio dos carros, que nem sequer paravam para olhar, com medo de que fosse alguma tentativa de assalto.

Só depois de muito custo, conseguiram consertar a ambulância. Aquele homem, precisando urgentemente de um fígado, no meio daquela estrada, clamando por um transplante, orou a Deus. Ficava pensando no porquê de tanta coisa ter acontecido e, principalmente, sentindo-se impotente diante da doença. Queria que, se houvesse um Deus, que esse Deus não dificultasse as coisas ao invés de facilitar.

Quando a ambulância finalmente foi consertada, uma ligação urgente em seu celular.

Um acidente havia acontecido na avenida Nove de Julho, em São Paulo, e havia um fígado compatível pronto para doação. Como a pessoa que receberia o órgão estava debilitada com resfriado, não poderia se submeter à operação, e ele era o próximo da fila. Dessa forma, era ir ou perder a chance. Mas, se tinha sido difícil entrar numa ambulância, que dirá num avião. Só que ele quis arriscar todas as suas fichas nessa chance. Parecia um sinal divino, e ele não pensou duas vezes em correr para o aeroporto, mudando o destino final da viagem e seu próprio destino.

Sua esposa estava em pânico, e tentou impedi-lo, porém ele estava determinado. Ou morro, ou vou, pensou.

No voo para São Paulo, teve medo. Quando o avião pousou e ele foi levado ao hospital às pressas, notou, com lágrimas nos olhos, que aquele fígado novo esperava por ele. E agradeceu a Deus pela generosidade de mostrar-lhe que caminhos podem ser percorridos, mas sempre sem medo. A confiança e a fé deveriam pautar o comportamento de todo homem pela vida.

Seu transplante foi um verdadeiro sucesso, e, logo depois da cirurgia, a primeira coisa que ele fez foi agradecer ao Deus Todo-Poderoso, de joelhos, no altar da catedral.

Ele sabia que, mesmo no vale escuro da morte, Deus estaria com ele, como sempre esteve, até nos momentos mais difíceis e improváveis de sua vida.

Sinais que a vida nos dá

Costumo dizer que as pessoas precisam entender que uma das características da vida é a dor.

A dor é inerente ao ser humano, e não existe como não experimentá-la. A grande diferença de quem a supera para quem fica estagnado nela é que alguns entendem que a dor nos serve como aprendizado para que possamos crescer na vida.

Deus não nos dá a dor. Entretanto as pessoas precisam entender o que significa o campo das dificuldades.

Uma febre, por exemplo, o que nos mostra? Que algo não está indo bem no organismo.

Assim é como um sofrimento. Temos de ficar atentos a ele para entender e poder assimilar aquilo que devemos aprender, para levarmos adiante a nossa vida.

Conheço um senhor que, certa noite, passou muito mal. Sentia uma azia insuportável, e foi logo levado ao hospital por sua esposa, preocupada com aquele mal-estar repentino.

O médico, focado nos sintomas, perguntava o que aquele homem tinha comido, e sugeriu que poderia ser algo que não caiu bem.

Medicado com soro e antiácido, o sintoma melhorou e ele foi para casa, anestesiado.

Mas o problema persistiu durante a noite, mesmo sem comer absolutamente nada. Ele só conseguia ingerir bolacha de água e sal e água. No entanto, a azia persistia.

Assim, tomou outra dose de medicamentos e ficou quieto na cama para não incomodar a esposa.

Quando amanheceu, ela viu que ele estava dormindo mais que o habitual, e o deixou, já que sabia que tinha passado a noite toda em sofrimento por causa da tal azia que não dava sinais de melhora, apesar dos medicamentos.

Naquele dia, o céu estava azul, os pássaros cantavam em seu jardim, o mesmo *jingle* tocava na rádio que ela insistia em escutar ao se levantar. Enquanto passava o café, sentiu medo. Uma sensação que não costumava experimentar quando tudo parecia correr bem.

Refletiu sobre esses momentos. Quando tudo parecia estar acontecendo, independentemente da sua vontade. Muitas vezes, reclamava, mesmo quando as coisas estavam na mais perfeita ordem. Valorizou o silêncio. Valorizou o descanso do marido, que certamente deveria estar melhor do que no dia anterior, já que conseguira, finalmente, dormir.

Ateve-se aos afazeres da casa e, quando percebeu, a manhã já tinha se passado. Foi até o quarto, na esperança de vê-lo recuperado e tentou acordá-lo. Parecia estar em sono profundo. Arregalou os olhos quando percebeu que sua temperatura corporal não era a mesma. O calor de seu corpo tinha desaparecido. Sua mão estava gelada. Empurrou suas costas com força, gritando seu nome para que despertasse, e não conseguia entender o que havia acontecido. Começou a rugir de dor. Sua dor era interna, massacrante e não havia remédio que pudesse aliviá-la.

Ele estava morto.

Ligou para o hospital e, em minutos que pareceram horas, a ambulância chegou com os paramédicos. Em vão. Havia tido um ataque cardíaco durante a noite e morrera repousando em sua própria cama.

Enquanto levavam o corpo de seu marido, ela chorava copiosamente, sem entender como não tinha se dado conta dos sinais evidentes que o marido estava apresentando. Aquela azia não era uma simples má digestão, era um sinal do corpo que avisava que quem estava mal era seu coração. Mas o médico que o atendera não prestara atenção aos sinais.

E aquela mulher se sentia culpada.

Quando chegou a mim, carregava o peso de uma multidão em suas costas. Culpava-se pela morte do marido. Achou que teria obrigação de ter percebido que estava acontecendo.

Assim que se sentou diante de mim, com a voz embriagada de dor, fiz que percebesse que não poderia assumir aquela culpa, além da dor e do sofrimento causado pela morte de seu marido.

Como saber que o médico que o atendera iria errar no diagnóstico?

Fiz com que repetisse, em voz alta, que não era culpada, e ela demorou para entender e assimilar isso. Sentia-se responsável, negligente. E aquela culpa a afundava.

Com o passar dos dias, ela começou a entender que não havia como modificar aquelas circunstâncias. Que tinha levado o marido no hospital com o intuito de curá-lo, mas que o hospital errara. Não ela.

Às vezes, temos dificuldade de aceitar a realidade como ela é. E passamos a procurar desculpas que justifiquem um sofrimento maior. Colocamos ainda mais areia no ventilador, e o ligamos na velocidade máxima, para que o estrago seja grande o bastante.

Na vida, quando não temos o controle, a aceitação faz parte do processo de cura de um episódio trágico. E nada que façamos poderá reverter o que se foi. O segredo é olhar para a frente, sempre compreendendo que fizemos o melhor que poderia ser feito. O segredo é entender nossas limitações e nos aceitarmos como seres humanos passíveis de erros, também perdoando os outros seres humanos que eventualmente tenham cometido ulgum erro.

Quando ela se deu conta de que de nada adiantaria apontar culpados, relaxou. E fizemos uma missa bonita para celebrar o encontro dele com o Pai.

A dor pode ser dilacerante, no entanto o tempo e o amor podem curar um coração afetado por ela. Se deixarmos que ele se abra para receber o bálsamo que Deus pode nos dar.

O doce remédio para a nossa dor

Tem histórias que cabem dentro de outras histórias. Elas fazem parte da vida das pessoas e precisam ser contadas. Sem elas, não seríamos o que seríamos. Não teríamos marcas, mas as cicatrizes são responsáveis por sermos quem nós somos, e elas podem ser excelentes fontes de cura.

Ela tem uma lembrança muito bonita daquele namoro. Seus olhos brilhavam quando o via, e já haviam marcado até a data para o casamento acontecer. Era um namoro de sete longos anos, e tudo parecia correr bem. A casa estava pronta para que morassem juntos, os detalhes do casamento sendo preparados, e ele chegou com a novidade: – Acabou.

Assim, sem mais nem mesmo, destruiu o sonho daquela moça.

Mas, muitos de nós, prosseguimos e persistimos, mesmo quando recebemos aquele balde de água fria sobre nossos sonhos. E com ela foi assim. Mesmo no chão, derrotada e sentindo-se humilhada, ela seguiu em frente. E conheceu um novo rapaz.

Aquele novo amor era fantástico. Sua vitalidade novamente era a mesma. Tinha certeza de que, desta vez seria feliz. E o casamento logo aconteceu. Apaixonados, subiram ao altar.

Antes que completasse 40 anos de idade, ele sofreu um acidente. E morreu na hora.

Quando entrou na igreja, em sofrimento, já se achava velha demais para acreditar no amor e na possibilidade de um casamento ou de uma vida feliz.

Eu sempre lhe dizia que ainda era muito jovem, que teria a vida toda pela frente e que nunca deveria desistir de seus sonhos. Precisava insistir e acreditar, como fazem as crianças quando estão aprendendo a andar. Caem, ficam frustradas, mas se erguem novamente e recomeçam as tentativas, até o dia em que saem caminhando sem que haja intercorrência.

O tempo foi passando, e ela conheceu um outro rapaz, bem mais jovem que ela.

– Reverendo, ele é muito novo – ela dizia sorrindo.

Aquele sorriso me fazia acreditar que era possível reconstruir a própria vida. Era possível acreditar e ser feliz. Não havia problema em se apaixonar e viver. Eu já tinha casado mulheres mais velhas, cujos filhos passavam dos vinte anos.

E, então, ela se permitiu. Permitiu que houvesse novos sorrisos, novas emoções, e uma nova oportunidade de entrar na igreja. Casou-se como se jamais tivesse chorado uma lágrima de derrota, mas sabia que aquelas lágrimas diziam muito. Aquelas lágrimas tinham feito com que conhecesse a si mesma.

Hoje, com duas filhas, realizada e feliz, ela concorda que acreditar é o segredo.

A fé não tem de que ser no CNPJ da igreja. Tem de que ser em nossa história. Naquilo que a gente acredita, naquilo que a gente quer.

Não há nada mais contagiante que realizar sonhos. Não há nada mais encorajador que acreditar.

Cortar para florescer

Quando ela começou a namorar com aquele rapaz, tiveram a notícia de que ele estava com câncer. Apaixonada, não pensou duas vezes e foi para a luta, munida de força e coragem para enfrentarem juntos aquele desafio.

Como o tipo de câncer dele não era dos mais agressivos, ele logo sarou e ficou feliz ao lado dela. Casaram-se animados por terem vencido, juntos, a batalha.

Mas logo outra notícia caiu como uma bomba: um segundo diagnóstico de câncer perturbava a paz do casal.

Com a mesma força de vontade, foram para o tratamento e viram a recuperação acontecer de maneira rápida e eficaz. Mas, da terceira vez que o câncer se instalou, ele precisou de uma quimioterapia forte o bastante, obrigando-o a permanecer por mais tempo no hospital.

Toda a família raspou a cabeça, em solidariedade a ele, e quando foi internado, não havia data de saída prevista. Precisava retirar o tumor. E que fosse rápido.

O médico falou:

– Você vai entrar e não vai sair do hospital tão cedo.

Então, aquela mulher, apaixonada pelo marido, decidiu pedir demissão de seu emprego. Enfrentaria aquela jornada ao lado dele. Na saúde e na doença.

Quando entraram no quarto, disse a ele:

– Esse hospital será a nossa casa a partir de agora.

Todos os dias, ela ficava as 24 horas monitorando a saúde do marido. Quando precisava sair, buscava uma amiga dele para fazer-lhe companhia. E ia resolver suas coisas, passear para respirar outros ares.

Durante seis meses, eles tiveram essa mesma rotina. Ela morava com ele no hospital, exceto às quartas-feiras, que era quando deixava a moça lá para que pudesse sair um pouco.

Quando ele teve alta, foi uma alegria. Finalmente ajeitaram as coisas todas e seguiram para casa. A expressão no rosto daquela mulher era de que finalmente a vida iria se ajeitar e voltar aos trilhos. Estava sem trabalhar, havia meses que morava num hospital, sem saber se o marido sairia vivo de lá. E ele finalmente estava curado.

Mas assim que entraram no carro, ele começou a passar mal e a suar frio.

Acreditando que era algum efeito colateral dos medicamentos, ela ficou estarrecida. Porém, ele intuitivamente sabia do que se tratava.

– Eu sei porque estou me sentindo assim, disse pausadamente.

– Será que o câncer voltou? – ela perguntou, com medo da resposta.

– Eu estou emocionalmente desequilibrado. Preciso te dizer uma coisa.

Pararam o carro. Um frio lhe percorreu a espinha, e ela não tinha a menor ideia do que ele diria.

– Estou apaixonado.

Ela não conseguia entender o que ele estava dizendo. Ficou muda, enquanto pensava em cada uma das enfermeiras que tinham passado pelo quarto.

Até que ele confessou. A amiga que ela levava todas as semanas para ficar em sua companhia havia despertado aquele amor nele. E eles já estavam se relacionando fazia um bom tempo.

Evidentemente, eles se separaram, e ela anunciou que não queria mais nada com ninguém. Mas isso durou pouco tempo. Logo, encontrou um rapaz que era um velho amigo seu e, nele, descobriu companheirismo, amor e carinho. E voltou a ter fé.

Foi nesse momento que agradeceu às tempestades que se abateram sobre sua vida. Porque aprendeu que, por meio delas, acabava colhendo o que era melhor para si. E aquele era definitivamente seu grande amor.

Os anos se passaram e ela não conseguia engravidar. Procuraram um especialista, e este disse que ela não poderia ter filhos. Foi um susto, mas nunca perdeu a esperança.

Tentou a fertilização artificial, em vão. Mudaram as medicações, passou mal, e sempre que vinha à missa, aos domingos, sentia uma fagulha de esperança.

Apegada à fé, conseguiu implantar dois embriões e congelar mais dois.

Após dez dias, o teste – e nada de gravidez. Pensou se talvez essa não fosse a vontade divina. Até que, em um domingo, enquanto ouvia um sermão, guardou para si o trecho que eu dizia:

– Deus nunca coloca um desejo em nosso coração que não é possível.

Foi nessas palavras que ela se apegou.

Na semana seguinte, fez uma nova bateria de exames, e descobriu que, além das trompas obstruídas, tinha uma outra doença chamada trombofilia, que fazia com que seu corpo rejeitasse qualquer ser estranho.

No caso, um bebê.

Passaram-se três anos e ela jamais desistiu das tentativas. Eram injeções diárias na barriga, até que o resultado positivo do teste teve um efeito extraordinário.

Toda a família celebrava aquela notícia. No entanto, um primeiro susto aconteceu. Um sangramento inesperado fez com que ela perdesse um dos bebês. Apenas um dos embriões sobreviveu.

Veio a tristeza, mas sabiam que o bebê seria um guerreiro. No decorrer dos meses, mais sangramentos, e repouso total. Aos seis meses de gravidez, o líquido amniótico diminuiu a ponto de o médico querer tirar a criança para que sobrevivesse.

Ela rezava, rezava, e em determinado momento viu que o bebê não crescia.

E, com seis meses de gestação, ela e o marido entraram na igreja, ela chorando convulsivamente.

– Reverendo, o médico acha que meu filho está morto.

Enquanto ela colocava a mão sobre a barriga, eu a ouvia lamentar, e perguntei o porquê.

– Ele não está crescendo – disse, triste.

Olhei para o casal e não perdi tempo:

– Olhem para aquele altar.

Os dois olharam.

– Agora, olha para o seu marido.

Ela não estava entendendo nada.

– Sabe o que é nanico? É pessoa pequena. Você quer gerar um Michael Jordan? Claro que seu bebê vai ser pequeno.

A criança era pequena, por isso crescia pouco. E assim foi até completar as 37 semanas de gestação, quando teve uma pressão alta bem agravante. Não conseguia respirar, a bebê estava sentada, e começou a desfalecer na sala de cirurgia quando seu marido entrou na sala.

Foi tudo tão rápido que, quando viu, lá estava sua filha esperando para ser pesada. E seu mundo parou. Deus havia lhe concedido a graça de ser mãe.

Depois disso, ela percebeu que, na vida, sempre vai haver dificuldades. Mas, com fé, amor e certeza de que Deus nunca faltará, é que os caminhos se abrem.

Foi legal? Não. Os desafios pareceram até intransponíveis, no entanto quando foi necessário ultrapassar uma montanha, ultrapassou. Sofreu? Sofreu, mas tinha de continuar acreditando. Teve o sangramento? Teve, mas precisava acreditar que a criança nasceria com saúde.

Costumo dizer que não posso evitar que ninguém me humilhe, mas posso evitar que a pessoa conviva comigo.

Eu não sou a favor do divórcio, nem do aborto, nem da mentira.

Eu sou a favor de que você lute muito, mas vai chegar uma hora que não tem remédio e essa luta tem de acabar. Você não vira a página – você a rasga. Rasga e vai embora, sem olhar para trás. E se ela não tivesse virado a página do ex-marido, não teria vivido essa plenitude que vive hoje.

Você sabe como uma roseira produz mais? Quando podamos ela.

Se não a podar ela não vai produzir; e quando a podar, vai doer pra caramba. Entretanto, de tempos em tempos, é necessário fazer uma limpeza geral, porque senão a seiva consome e planta não cresce.

Tem coisa que precisa cortar para que outras possam florescer.

A vida dela floresceu.

E olha que rosa linda brotou nesse jardim.

Não jogue as emoções para baixo do tapete

Durante toda a sua vida, ela tinha sido perita em enfrentar desafios.

Logo cedo, vira sua mãe ser vítima de um aneurisma cerebral. Ela foi alimentada por meio da gastrostomia durante nove longos anos, respirando por traqueostomia, sem fala, tampouco mobilidade no corpo.

Foi nesse período que se apegou à fé.

Precisava, mais do que nunca, se alimentar da crença de que existia algo maior que a vida terrena.

Quando sua mãe veio a falecer, passou a frequentar a Igreja Anglicana, e com o coração machucado, em sua juventude, alimentava-se das minhas palavras, que, segundo ela, a confortavam e representavam, para ela, uma renovação espiritual.

Muitas pessoas não percebem que a força está dentro delas, e quando ouvem algumas palavras de conforto e inspiração, conseguem encontrar essa força.

Casou-se jovem e teve duas filhas com pouco tempo de diferença, o que fez com que amadurecesse rapidamente. Quando a segunda filha estava com apenas um ano, seu pai foi diagnosticado com câncer, e teve outro abalo sísmico em sua estrutura familiar.

Graças a Deus, ele se submeteu a uma cirurgia de muito sucesso e ficou curado. Nesse mesmo período, ela tinha montado uma empresa e estava completamente esgotada, pois os negócios iam muito bem, mas isso demandava muita energia e trabalho para que continuassem crescendo.

Só que a vida não segue um roteiro preestabelecido. Ela traz surpresas e mais surpresas. E quando menos esperamos, surgem desafios que testam nossas forças e nossa fé.

Acreditando que já vivera o maior sofrimento de sua vida, ela se deparou com uma ruptura ainda maior que minou todas as suas forças: sua filha, de um ano, teve uma gastroenterite aguda, de difícil tratamento, e precisou ficar internada no hospital por oito dias seguidos, correndo risco de morrer.

Durante esses dias, estive no hospital, e presenciei a dor daquela família. E a fé também.

O ano se seguiu, e quando entrou de férias, seu corpo trouxe à tona tudo aquilo que tinha jogado para debaixo do tapete. Eram emoções que ela tinha atropelado pela falta de tempo de lidar com elas e o não enfrentamento.

Lembro-me de estar nos Estados Unidos e receber sua ligação. Sua voz estava diferente do habitual. Ela tinha contribuído com as ações do Natal da creche, na igreja, e parecia mais feliz que na última vez que tínhamos nos encontrado.

Mas estava num processo de depressão profunda, e precisou tomar medicamentos para conseguir continuar tocando a vida, pois já não se importava com nada.

Como eu mesmo já havia passado por um processo de ansiedade, que desencadeara uma síndrome do pânico, indiquei um profissional e compartilhei minha dor com ela.

Ao achar-se "normal", por sentir algo que outra pessoa já havia sentido, ela relaxou. Por isso acredito ser importante nos humanizarmos e compartilharmos nossas vulnerabilidades, sempre mostrando nossas fraquezas para que a exposição das dores possa fazer com que outras pessoas entendam que também podem curar suas próprias dores.

Até então, a impressão que ela tinha era de que estava sozinha, de que ninguém nunca teria sofrido uma depressão do tipo, pois só sentindo para entender o que é essa doença.

Quando conversamos, ressaltei o quanto ela era uma ótima mãe, esposa, ser humano e que deveria acreditar nas palavras "tudo posso naquele que me fortalece". Que deveria ter forças para continuar, pois tudo ficaria bem.

– Sei que palavras neste momento não são suficientes para abrandar seu sofrimento, pois já passei por isso; mas saiba que você é uma filha de Deus, e que ele te dará condições de seguir em frente. ACREDITE.

O tempo foi passando e, hoje, um ano depois, ela está se recuperando, sem medicações, e seguindo sua vida. Sentir é importante. Mas quem sente demais, levando a ansiedade ao extremo, acaba adoecendo. É preciso alimentar a fé e a esperança para que os dias corram tranquilos com a bênção de Deus.

Ah, e se jogar as emoções para debaixo do tapete, não se esqueça: um dia essa poeira toda pode voltar e sujar a casa inteira de uma vez.

Quem tem boca vai a Roma

Alguns lugares carregam lendas que nunca sabemos se, de fato existem. Até nos depararmos com fragmentos vivos da História.

Eu já tinha ouvido falar de uma cidade, em Minas Gerais, chamada Carbonita, onde se faz muita extração mineral. Dizem que por causa dos resíduos jogados no rio, os casos de câncer se proliferam na cidade com facilidade e rapidez. E são inexplicáveis as coincidências que confirmam as lendas que circulam pela região.

Quando eu ouvia aquilo, parecia tudo distante demais da minha realidade, até que, certo dia, uma moça veio de Minas e bateu à porta de uma conhecida. Ela precisava de trabalho, e foi encaminhada até mim.

Na minha casa, eu e minha esposa Ana Paula sempre fizemos tudo, mas em determinado momento, percebemos que uma ajuda seria de bom grado. Então, ela apareceu na hora certa. Os compromissos com a Igreja Anglicana e as creches estavam consumindo muito de nosso tempo, e contar com alguém que pudesse facilitar os afazeres de casa parecia interessante.

Assim, ela começou a trabalhar em nossa casa.

A moça tinha seus 25 anos de idade na época. E, em uma semana de trabalho, começou a apresentar dores de todos os tipos. Ficávamos atentos a ela, tentando decifrar o que estava acontecendo com sua saúde debilitada. E, ao mesmo tempo, intrigados com o fato dela contar as histórias do tio que havia morrido com 46 anos e outro familiar com 50... Todos na família pareciam ter câncer.

Ela era dessa cidade. E, fatalmente, parecia apresentar sintomas que a fariam padecer do mesmo mal.

Sua irmã estava com problemas no útero, e ela nos pedia ajuda. Como a Igreja mantinha um prédio para 500 crianças na favela de Paraisópolis, acabei reformando parte dos ambientes para que sua família pudesse morar lá.

Assim, ela e seus cinco irmãos ganharam um lar – e conseguimos que todos trabalhassem para terem dignidade.

Como sou cara de pau, e não poupo esforços para pedir favores aos fiéis da Igreja, apelei para um dono de escola que conseguisse bolsa de estudos para as crianças, e lá foram eles estudar em escolas particulares.

Os anos foram passando, e ela descobriu que também estava com câncer, e começou o tratamento. E mesmo quando descobriu que poderia ficar em casa ganhando pelo INSS, ela disse que não era aquele exemplo que queria dar ao seu filho. Não queria se deixar abater, nem desistir da vida. Ela ia continuar trabalhando, honrando seu salário e fazendo o tratamento.

O tratamento semanal fazia que ela se ausentasse para que fizesse quimioterapia e radioterapia. Sua rotina era ficar entre quatro e cinco horas em jejum, levar o filho na escola, ir ao hospital e depois passar em nossa casa para trabalhar.

Muitas vezes eu me perguntava o que ela estava fazendo lá. Pedia que fosse para casa, descansar, mas ela dizia que não desistiria jamais.

Seu exemplo me comovia. Sua persistência em fazer com que o filho estudasse e fizesse toda a lição, valorizando a bolsa de estudos que tinha ganhado, também me deixava orgulhoso.

Ela já está conosco há dez anos. Venceu o câncer e, no último ano, seu filho fez um teste e ficou em primeiro lugar na escola em que estuda.

Não é um exemplo maravilhoso para muitas pessoas não desistirem? Não ficarem na cama, reclamando da vida?

Costumo dizer que fé não é ajoelhar e rezar, rezar, rezar. Fé sem ação não adianta absolutamente em nada. E muitas vezes basta comunicar aquilo que queremos para que sejamos ajudados. Pedir ajuda é diferente de reclamar.

Já casei muitos médicos e doutores que sempre estão à disposição para ajudar, mas como vou ajudar se não sei quem precisa?

Certa vez, recebi na creche um menino que se arrastava. Ele não andava, e sua mãe havia se acostumado com aquela realidade.

Falei para a mãe que aquele menino não ia mais se arrastar. E em todas as missas que eu ia, contava o caso dele.

Até que, num domingo, ao meio-dia, no término da missa, um fiel veio até mim e me perguntou qual era o tipo de cadeira de rodas que ele precisava – e deu à mãe a cadeira.

Se eu ficasse calado ninguém ia fazer nada.

Quando dei uma entrevista contando que meu sonho era ganhar uma bicicleta no Natal, um grande empresário me procurou perguntando como poderia ajudar. Carinhosamente olhei para ele e expliquei que não queria nenhuma bicicleta para mim, mas que havia 800 crianças nas creches que eu cuidava, e que elas naturalmente gostariam de ganhar a bicicleta.

Em dois anos consecutivos, ele presenteou cada uma das 800 crianças com bicicletas.

Se quem tem boca vai a Roma, como dizia o ditado, é importante que expressemos nossas necessidades para que sejamos atendidos. E isso é diferente de reclamar das coisas.

Por exemplo. Outro dia, na padaria, encontrei uma moça que eu havia casado, e seu olho estava lacrimejando. Perguntei a ela o que estava acontecendo e ela revelou: – Você acredita que apareceu um problema no cristalino do meu olho?

Peguei seu telefone e guardei aquela informação, pois sabia que havia um médico da Escola Paulista de Medicina que frequentava as missas. Liguei para ele e pedi ajuda. Ele não só ajudou, como levou o caso para a Escola Paulista, chamou os colegas para investigarem, e levou o caso a um Congresso nos Estados Unidos para trazer a solução.

Tudo a partir da fila do pão.

Por isso acredito que seja importante não se acomodar. Quando expomos nossas necessidades, estamos dando a oportunidade ao outro de trazer uma solução. Senão acabamos como aquele pobre homem que pedia a Deus todos os dias para ganhar na megassena e não se dava ao trabalho de jogar.

As intenções não podem ficar no campo das orações, apenas. Precisamos agir para que, de fato, Deus nos coloque diante dos verdadeiros milagres.

Quanto pesa um coração?

Eram onze horas da noite quando eles chegaram.

Certas notícias não veem com hora marcada, simplesmente invadem nossa vida após um diagnóstico qualquer, e mudam todo o rumo da história.

Conviver com uma comunidade tão diversificada me fez perceber quantos sofrimentos – pequenos e grandes – existem em cada esquina, e o quanto não podemos menosprezar a dor daquele que está suplicando por socorro.

A dor grita, faz a alma explodir em febre e nos deixa absolutamente cegos. É como se não pudéssemos ver mais nada além daquele problema que nos assola.

Aqueles pais tinham um motivo para se sentirem devastados. O médico não tinha sido sutil ao dizer que o filho deles tinha um problema sério no fígado. Mas foi a mãe que vomitou palavras de medo. Estava sensível, como se um conjunto de emoções tirassem todo o brilho de seu rosto. Aquele abraço caloroso e familiar havia deixado de existir. Estava aterrorizada.

Algumas notícias chegam assim, de repente – como bombas em um campo minado. A gente acha que está andando em segurança e elas explodem diante de nós.

– Aldo, nosso filho, precisa fazer urgentemente um transplante de fígado, e não há ninguém compatível com ele.

Eu havia acabado de celebrar um casamento, e estava me despedindo de algumas pessoas. Fiquei quase enjoado. Ajoelhamos diante do altar.

Qualquer mãe ou pai sabe o impacto que uma notícia dessas pode causar. Ela destrói nossas maiores convicções, testa a nossa fé e nos faz curvar diante do inevitável.

Não havia outra escolha, senão a mãe ceder um pedaço de seu fígado para o transplante. O que geralmente era a última alternativa plausível, já que se trata de uma cirurgia arriscada que pode colocar ambos em estado crítico.

A imagem de Maria carregando seu filho nos braços não me saía da mente, e eu nunca me esquecerei da expressão dos olhos daquela mulher. Estava concentrada.

De repente, falou algumas palavras. Primeiro balbuciou, como quem se entrega corajosamente à vida. Depois, as disse em voz alta.

Daquelas palavras, jamais me esquecerei.

– Quero que os médicos tirem tudo de mim. Que tirem meu fígado, meu coração. Tudo que precisar. Se naquela mesa precisarem de algo para ele, tirem.

Não existe termo que classifique a dor de uma mãe que vê um diagnóstico como aquele e sabe que pode contribuir para a melhora. Naqueles olhos, havia um pedido de socorro, e também uma leve esperança de que ela conseguiria salvar a criança. Dizia que aquilo não se comparava ao seu pior pesadelo, mas a possibilidade de ceder um pedaço de seu fígado para salvar o filho lhe parecia agradável demais.

Não se importava com a própria vida. Mas queria, de todas as maneiras, salvar o seu filho.

Não seria a primeira nem a última vez que eu presenciaria uma cena como aquela. Sabia que um pai e uma mãe sempre dariam do próprio sangue e da própria carne para alimentar os filhos.

Via mulheres que se casavam extremamente vaidosas na Igreja e se transformarem depois do nascimento dos filhos. Às vezes, deixavam de fazer as unhas, o cabelo e percebia-se que abriam mão de pequenas coisas.

Gestos sutis demais para serem percebidos por qualquer um.

Essas mães se davam por completo, e abriam mão daquilo que mais gostavam de fazer, quando as pequenas privações traziam qualquer tipo de benefício para as crianças.

É comum ver uma mãe dar seu melhor bife para o filho, assim como tirar a comida da própria boca para alimentá-lo.

São essas mulheres que, honrosamente, constroem filhos fortes e generosos, e acabam usando suas dores para a educação das crianças. Estas crescem valorizando suas mães como grandes guerreiras, e muitas vezes pedem que as mães as acompanhem até o altar.

Certa vez uma jovem noiva alegou que era da mãe que tinha orgulho, pois ela tinha sido sua fonte de força. E por isso queria entrar ao seu lado.

Já tinha presenciado discursos fabulosos de noivas que diziam que quando o pai tinha partido a mãe quem dera conta de tudo dentro de casa. E que mãe não abre mão de tudo pelo filho?

Mãe abre mão de tudo por um filho, até mesmo do prazer. Muitas desistem de casar novamente, porque querem se dedicar exclusivamente às crianças. E, quando crescem, muitas delas se sentem sozinhas.

Por isso sempre tento ensinar a medida certa das coisas: se aniquilar não precisa ser uma opção.

Em meu sermão, com frequência, ensino que não podemos colocar a felicidade do outro acima da nossa.

O que é muito importante? Saber dosar. A diferença do veneno para o remédio é a dose.

O problema é que estávamos diante de um caso de vida ou morte. Poucas pessoas entendem que certos esforços pessoais são tão comuns quanto difíceis de serem realizados.

Os dias que se seguiram foram de pausa. As pausas são tempos em que as ondas se acalmam no mar, que há um recolhimento. E não sabemos se aquele é o prenúncio de uma tempestade maior ou de uma calmaria definitiva.

Ela não teve medo ao entrar na sala de cirurgia. A criança se despediu dos pais, com um sorriso no rosto. Todos estavam empenhados em fazer daquele gesto um ato final.

A criança não resistiu à cirurgia e faleceu.

Certos eventos da vida nos pegam de surpresa e nos deixam sem palavras. É quando ficamos sem chão, com medo de tatear no escuro, porque simplesmente não enxergamos mais nada em nossa frente. Como se o vazio e a escuridão tornassem nossa vida um martírio.

O marido, vendo a dor da esposa, disse que ela não queria estar no hospital enquanto seu filho era enterrado. Mas tinha acabado de tirar um pedaço de seu fígado, e a recuperação exigia que ela ficasse em repouso absoluto no hospital.

Só que a determinação de uma mãe não tem limites. Ela bateu o pé e disse que esse era seu desejo: estar no funeral de seu filho. E, assim, foi acionada uma UTI móvel que a levou até o cemitério.

O clima era de tristeza, e quando a ambulância estacionou, todos se debulhavam em lágrimas. Na cadeira de rodas, sendo carregada até o caixão onde estava o corpo de seu filho, aquela mãe gritava exasperada:

– Filho, fiz tudo que era possível. Eu fiz tudo que podia. Eu te amava demais.

Seu braço, ligado ao soro, se debatia em fúria e ela incendiava a alma de todos que estava presentes com seu amor pela criança que saíra de seu ventre:

– Padre, fala pro meu filho. Fala pra ele. Eu não falei que era para doar tudo que eu tinha? Todos os órgãos?

E assim que disse essas palavras, finalizou, antes de explodir num choro incontrolável.

– A mamãe fez tudo que podia por você. A mamãe morreria por você.

Suas mãos acariciavam o rosto do menino, com seu toque leve, que o fizera ninar por tantas noites. Eram as mesmas mãos que o seguraram no colo quando ele nascera, as mesmas que tinham limpado suas lágrimas, dado sua primeira porção de comida. E ela parecia registrar todos aqueles gestos num único toque. Sentia cada célula do corpo do filho, sem acreditar que ali não haveria mais nenhum sorriso, nenhum sinal de vida, e que voltaria para casa sem ele.

Um silêncio imperou e ninguém ousava sequer respirar com força. Ninguém se sentia no direito de sentir nada. Era como se estivéssemos expostos a maior de todas as dores que uma pessoa poderia viver.

Mas como conviver com ela? Como conviver com a possibilidade de saber que fizemos tudo que estava ao nosso alcance, e mesmo assim não existia nenhuma possibilidade de salvação?

Enquanto dirigia para casa, eu tentava assimilar a lição que essa história nos trouxera, e só conseguia enxergar um ato de amor fantástico e extremado.

Uma mãe que arrancaria o próprio coração para dar ao filho é a prova de que não existe amor maior que esse.

Por isso sempre digo às pessoas que reclamam muito: "valorizem a vida que têm". Valorizem suas vidas. Não sabemos quando iremos partir. Não sabemos quantas horas e segundos ainda teremos. E os desperdiçamos, sem amar, sem dar o melhor de nós. Sem viver intensamente os sabores mágicos da nossa existência.

Se existe alguém por quem você tiraria seu coração, abrace essa pessoa. Abrace com vontade e agradeça cada momento ao lado dela.

Nunca saberemos o dia certo da nossa morte, e nem quando a morte virá para as pessoas que amamos. Por isso, agradeça. E esteja sempre demonstrando o seu amor – em vida – para aqueles que estão ao seu redor.

O tempo de Deus

Ela era enfermeira, trabalhava para a indústria farmacêutica e fazia uma grande pesquisa naquela ocasião. Estávamos na época das festividades de fim de ano e ela fez uma drenagem linfática naquela tarde. Tudo corria bem e ela se dirigiu até a celebração de Natal da família. Estava contente com a vida como ela se apresentava.

Reuniu-se com todos os familiares, sentaram-se confortavelmente na sala de jantar, diante da mesa organizada com delicadeza pelos anfitriões. O cheiro do peru invadia a sala, e todos conviviam em harmonia, ansiosos pela troca de presentes que se daria após a ceia e seus tradicionais brindes que vinham logo após as orações de agradecimento.

Quando a refeição foi servida, um impacto.

Seu rosto foi de encontro ao prato e ela apagou. Todos ficaram em pânico e a festa virou um corre-corre. Ninguém sabia como reanimá-la, e sequer poderia supor o que havia acontecido. Quando conseguiram despertá-la, perceberam que sua fala estava comprometida.

Assim, foi levada às pressas, em plena noite de Natal, para o hospital. Tinha de existir uma chance – era Natal. Os que ficaram em casa mal conseguiam comer. Os que a acompanharam, não sabiam o que esperar.

Já, no hospital, o diagnóstico foi preciso – na drenagem linfática que fizera naquela tarde, uma bolha de gordura se deslocara para o cérebro e provocara um acidente vascular cerebral. O tratamento foi intenso, e a recuperação foi em pleno centro cirúrgico.

Quando teve alta, sua família comemorou a notícia. Era magnífico poder contar com sua presença. Olhar para aquele sorriso, aquele olhar, suas palavras fazendo sentido.

O Natal começava novamente. Mesmo que fora de hora.

Mas a notícia que veio a seguir chegou como uma bomba. E era inesperada. O médico havia sido categórico:

– Devido a sua embolia e sua situação, você não vai engravidar, nem ter filhos.

Ela chorou copiosamente na igreja enquanto contava tudo aquilo. Eu era íntimo de sua família, todos frequentavam a Igreja eu até havia casado ela e uma de suas irmãs. Estava familiarizado com seu jeito peculiar de enxergar a vida, sua alegria contagiante. Mas, naquele dia, uma ausência de sentido a invadia. Tinha sido surpreendida por aquela notícia.

Desde o dia que pisara naquela igreja, sonhava com um bebê em seus braços.

Foram quase duas horas de conversa. Até que ela tomou uma decisão.

– Não vou deixar de ser mãe. Se Deus me privou de ser mãe e eu não tenho condições de engravidar, vou ser mãe de outra forma.

Então, daquele dia em diante, seu desejo de ter um filho virou uma verdadeira jornada em busca de uma criança que pudesse ser adotada. Ela falava com todo mundo que conhecia, em busca de pistas que a levassem a locais onde houvessem crianças desamparadas.

Visitou todos os abrigos, conheceu toda a burocracia envolvida, até que soube de uma cidade pequena e vizinha, em que existia uma mãe que não ficaria com o filho, e este seria encaminhado para a adoção. O juiz já havia determinado, e tinha a autorização para entregar a criança a uma família que pudesse cuidar dessa criança assim que saísse do hospital.

Determinada, ela não pensou duas vezes – quis a criança. Com todas as suas forças, começou a imaginar-se carregando aquele bebê no colo. E, assim, foi progredindo naquela ideia, fazendo o enxoval, cuidando dos detalhes práticos para a chegada de seu filho. Estava impressionada com a própria capacidade de cuidar de tudo como se a criança fosse sair de seu próprio ventre.

Tudo corria exatamente da maneira como ela esperava. E talvez isso fosse um sinal, talvez não. Ela tinha se recusado a desistir. Tinha acreditado no milagre, se conectara, compartilhava sua história e acreditava fervorosamente que a realização daquele sonho estava próxima.

Eu estava encantado com o desfecho da história. Era comovente ver alguém com tanto propósito, reerguendo-se após uma notícia trágica, quando uma outra mulher entrou em disparada na igreja, chorando lágrimas de sangue. Era uma advogada estudiosa de quem eu tinha celebrado o casamento, e, até onde eu sabia, estava caminhando para um processo de adoção, já que havia tentado de tudo para engravidar, e nada tinha dado certo.

Seus olhos soltavam faíscas de raiva e dor enquanto ela contava que tinha conhecido um menino de sete anos e se apaixonado. O juiz havia autorizado a adoção, e ela montara um quarto para ele. Como já era maiorzinho, havia um período de adaptação, e semanalmente ele ficava em sua casa.

Seu guarda-roupa estava praticamente montado, o quarto pronto para recebê-lo, quando deram a notícia – a mãe da criança o queria de volta. O juiz, que retirara o poder porque ela não teria condições de cuidar do filho, o concedera novamente, já que ela conseguira provar-se capaz de cuidar do menino. E aquela mulher enfrentava uma dor sem precedentes de ver aquele sonho desmoronar.

Naquela tarde, sua vizinha, vendo seu destempero e estado emocional, perguntou a si mesma como podia ajudá-la. E como sabia que a amiga era louca por seu cachorro, deixou que ele fosse para a casa da vizinha em prantos, que o abraçava, deixando-se consolar pelo filhote emprestado de quatro patas.

Assim, tinha passado o dia. Ela ficara arrasada, sentada no sofá, chorando e visitando o quarto montado do menino.

Quando percebeu que o cachorro estava ficando agoniado, pediu ao marido que o levasse para passear. E lá foram os dois.

Minutos depois, ele entra em pânico. O cachorro havia fugido e tinha sido atropelado.

Naquele dia, ela sucumbiu à dor. Se jogou no chão e perguntou a Deus o que tinha feito para merecer aquilo.

No dia que entrou na igreja, desolada, ainda vociferava contra Deus:

– Nunca fiz mal a ninguém. Foram tantas injeções para engravidar e não consegui. Apeguei-me ao menino que seria meu filho, e a mãe o pede de volta quando ele praticamente está pronto para vir para nossa casa. A vizinha me dá o cachorro para consolar a minha dor e o cachorro foge e é atropelado na minha rua. O que eu fiz para Deus?

É comum presenciar cenas em que as pessoas culpam Deus pelos seus infortúnios, sem imaginar que muitas vezes há um plano maior.

Olhei fundo em seus olhos e disse: – Eu ainda vou batizar os seus filhos.

Ela saiu dali ainda em prantos, mas se sentia mais confortada, embora sua revolta fosse dilacerante.

Os dias se passaram e recebi uma ligação. A moça que estava no interior, prestes a adotar aquela criança que nasceria, estava em pânico.

– Reverendo Aldo, ajude-me. Vim para a cidade que a criança nasceria, assinar os papéis da adoção, mas acabo de descobrir que estou grávida. O que eu faço?

Sua voz era de alegria e medo. Diferente do dia que se lamentara amargamente por não poder ter filhos.

A primeira coisa que perguntei era se ela tinha certeza de que não ia continuar com o processo de adoção. E ela foi taxativa.

– Absoluta certeza. Não tenho condição emocional, física nem financeira de levar a gravidez adiante e cuidar de uma criança.

Então, pedi a ela que esperasse. Eu ia resolver aquilo.

Imediatamente, liguei para aquela mulher, que saíra da igreja carregando toda a dor do mundo por ter perdido a oportunidade de adotar uma criança.

– Onde vocês estão? – perguntei para o marido, assim que ele atendeu ao telefonema.

Estavam almoçando, e ele a confortava enquanto faziam uma viagem para que aquela dor pudesse se dissipar.

– Voltem imediatamente e diga para sua mulher que a bolsa dela estourou.

O casal voltou de viagem e correu para aquela cidade vizinha.

Em alguns meses, cada uma daquelas mães, que há pouco tempo haviam passado por momentos de dor, estavam com seus filhos nos braços, diante do altar.

Hoje, aquela que havia sido desenganada pelos médicos de que poderia ter filhos, exibe seus três filhos. Dois deles, gêmeos. A que sofrera pela desistência da mãe da criança, já abriga duas crianças adotadas em sua casa.

E toda vez que as vejo, sinto a felicidade no olhar de cada uma delas. Elas se tornaram grandes heroínas.

Não podemos desistir de nossos sonhos. Temos de insistir, por maior que sejam as dores. Por mais terríveis que os cenários possam parecer naquele momento. Temos de encontrar maneiras de lidarmos com os desafios da vida. E não precisamos passar por coisas tão dramáticas para encontrarmos a coragem escondida dentro de nós. Podemos perceber, diante dessas histórias, que momentos dolorosos podem nos impulsionar para a frente ou empurrar-nos para trás.

Quando uma porta se fecha outra se abre. Bata, que vai abrir. Procure que vai encontrar.

Mas enquanto quisermos tudo à nossa maneira, no nosso tempo, sofreremos.

Não se joga um arroz no chão e no dia seguinte se recebe uma saca. Para crescer, tem de cuidar. Os pássaros precisam passar por ali, a terra precisa ser capinada, e a plantação vai ficar bonita.

E assim é a vida. Escute-me. Está tudo bem. Tenha fé e lute!

Sua história não termina quando a dor acaba

Tem uma história curiosa de uma menina que achou um sapo que falava que era príncipe. Ela se aproximou, ele ficou contente com a oportunidade, e ela enfiou aquele sapo na bolsa.

Descontrolado e nervoso, ele perguntou a ela se não ia beijá-lo, e ela disse:

– Beijar eu não vou, porque não acredito em príncipe, mas que vai fazer o maior sucesso mostrar um sapo falante para as minhas amigas, ah, isso vai!

Por isso digo que é importante que saibamos sempre o que procurar e em que acreditar. Porque existem inúmeras ciladas pelo caminho. E, mesmo sabendo que podem ser possíveis engodos, ficamos ali, parados, achando que sapo vira príncipe, que Deus tira a montanha.

Precisamos cair na real e entender a finalidade das histórias para que possamos vencer as fases da vida. Como se fosse em um *video game*, em que você enfrenta um monstro e passa para a fase seguinte. Depois que derrotamos o primeiro, não ficamos imunes às dificuldades – o desafio é outro.

Cada vez que nossa fé é provada, Ele nos dá a chance de crescer um pouco mais.

Conheci uma moça cuja infância sofrida havia deixado marcas profundas. Ela se lembra de como sua mãe sempre dizia estar sem fome para que comessem a comida que havia na mesa, mesmo que não sobrasse nada para ela. Pelos filhos, ela sofria uma luta diária e vivia um casamento de aparências, já que sabia das traições do marido e fingia que nada estava acontecendo.

Crescendo nesse ambiente trsite e opressor, ela viu seu pai ser assassinado ainda jovem, deixando suas filhas morando na periferia com uma ausência paterna que as fazia sentir uma dor que as atordoava dia e noite.

Assim, teve uma infância de restrições e uma vida bem limitada, porém sua mãe alimentava naquelas crianças a fé e as fazia crescer com alegria. E essa fé as fazia viverem mais felizes.

Desde pequena essa menina chamava a atenção por ser muito charmosa. Bonita, sorridente e feliz, despertava a atenção principalmente de homens mal-intencionados.

Todavia, como era muito jovem, acabou sendo enganada por um moço, que depois se mostrou um verdadeiro canalha. Encantada pela tal proteção que ele lhe oferecia, ela passou a namorar o jovem que a obrigava a fazer sexo sem consentimento, ameaçando-a com armas e cães de guarda. E ele dizia ser seu namorado – e a espancava caso ela olhasse para outro homem na rua.

Para se livrar dele, teve de ficar trancada em casa e parar de estudar por um tempo. Chorava copiosamente se lembrando de que primeiro haviam matado seu pai e depois destruído seu sonho de que havia um príncipe encantado.

Traumatizada, aos 18 anos, ela conheceu quem viria a ser seu marido, com quem se casou aos 21. Com o passar do tempo, contudo foi percebendo que havia cometido um grande erro. Ele a traía e mentia compulsivamente.

Assim, resolveu terminar seu casamento e voltar para a casa de sua mãe para tentar recomeçar sua vida.

Nesse período trabalhava duro como recepcionista de uma agência de propaganda, e ainda fazia faculdade. Logo, conheceu outro homem. Mesmo desenganada pelos relacionamentos anteriores que tinham sido mal-sucedidos, ela cedeu aos seus encantos, casou e ganhou um casal de gêmeas que trouxe outro sentido à sua vida.

A história dela acabou? Não.

Hoje, a vida dessa jovem pode ser um mar de rosas; mas, certamente, ela, assim como todos nós, ainda vai enfrentar outros problemas – pode acontecer um desemprego, um problema de saúde, uma dificuldade qualquer, no entanto ela está feliz, sem sofrer por antecipação, vivendo o hoje da maneira como ele se apresenta.

Apesar de todos os obstáculos que existem, não podemos desistir da vida nem da felicidade.

A vida é cheia de estações – as flores nascem, crescem, murcham e morrem, mas sempre teremos flores no jardim da vida.

Por isso não podemos nos preocupar em excesso. Considero normal que existam preocupações, mas não que elas nos impeçam de caminhar. Se você não tiver preocupação nenhuma não vai viver nem de aposentadoria. Vai viver de favor numa casa de idosos para miseráveis, porém se preocupar demais não vai te fazer bem.

Em um dia desses em que estava escrevendo este livro no jardim da catedral, ouvi um abacate cair de uma das árvores que ficam espalhadas ali, e se estraçalhar no chão. Essa queda fez com que a fruta rachasse. Então, depois de algum tempo, a massa apodreceu e, só depois, nasceu uma outra planta dentro dele.

Sem isso, não haveria continuidade na natureza.

Círculo vicioso ou círculo virtuoso?

Havia uma moça que era filha de ingleses e fora educada no Royal College de Londres. Ao chegar ao Brasil, ela se casou com um coronel nordestino por quem ficou apaixonada.

Mesmo com tantas diferenças, eles se casaram para viver aquele amor intenso que os aproximara, mas, aos poucos, ela percebia que havia algo errado naquela relação.

O homem, que inicialmente parecia gentil e cordial, havia ganhado tons obscuros em sua personalidade, e o que parecia cavalheirismo se tornou machismo. Ele queria ser o homem da casa, mesmo sabendo que sua mulher era bem-sucedida, falava inglês com perfeição, e que era chamada por cônsules e embaixadores para acompanhá-los em suas estadas no Brasil, como intérprete.

Sendo assim, o ciúme tornou-se uma coisa absolutamente doentia. Ele ficava dia e noite imaginando o que ela fazia quando se ausentava para os coquetéis, e quando a via chegar em casa, sentia-se inferior, já que ela dispunha de prestígio e tinha um excelente salário.

Com o tempo, as agressões verbais extrapolaram e se tornaram agressões físicas. E, sob o pretexto de que não queria perdê-la, ameaçava-a com o cano do revólver dentro de sua boca.

Com três filhos debaixo do braço, ela tomou coragem e fugiu para São Paulo para recomeçar a vida longe das ameaças constantes. Tinha medo de sair à rua e ser encontrada pelo ex-marido, e pesadelos com as incontáveis vezes que fora agredida e mantida sob cárcere privado pelo homem por quem um dia se apaixonara.

Mas, com o passar do tempo, a carência falou mais alto, e ela conheceu outro nordestino que lhe parecia um bom homem. Começaram a trocar histórias e seu passado, de que ela tinha saudade, veio à tona.

Assim, ela se envolveu, pela segunda vez, com um coronel.

Costumo dizer, em meus sermões, que algumas páginas do livro da vida temos de rasgar e queimar. Não é só jogar fora. O retrovisor do carro, por exemplo, é pequeno, já que, de vez em quando, olhamos para trás. Quem olha para trás o tempo todo não consegue ir adiante.

Dessa maneira, amarrada ao passado, ela começou o segundo relacionamento abusivo que traria novas marcas e cicatrizes à sua vida.

Quando chegou à igreja contando essa história, já tinha se livrado do segundo marido e dizia que não queria mais nada – exceto se dedicar à música. Como tinha se formado em Londres, acabou se dedicando integralmente à transição da música clássica para a moderna na catedral anglicana. E se aposentou dando aulas de música na igreja, onde os jovens a adoravam, e ela podia utilizar toda a sua capacidade cultural.

Nesse período, sua mãe descobriu que uma de suas melhores amigas estava vivendo na Austrália. Ela tinha encontrado a foto com essa amiga, em que estavam as duas e seus filhos pequenos. E, por meio da internet, encontrou os familiares, e isso possibilitou uma conversa por Skype, intermediada pelos filhos.

Como sua mãe tinha um problema de audição e a amiga tinha dificuldade em usar a tecnologia, ela e o filho da amiga da mãe conversavam entre si e iam traduzindo para as mães o conteúdo da conversa. Depois dessa primeira interação, quiseram se encontrar e foi aí que as duas viajaram para a Austrália, sem imaginar o que as esperava.

Logo que chegou, ela se apaixonou pelo australiano, filho da amiga da mãe, e ficou confusa. O que faria com a vida no Brasil? Com os netos?

Numa conversa rápida, disse a ela que os netos a visitariam, e que ela finalmente deveria se jogar naquela relação.

Depois dos 60, eles se casaram e isso provou que, mesmo depois de escolhas ruins, temos sempre chances de fazermos novas escolhas. Não devemos nos acovardar e fugir da vida só porque sofremos em algumas tentativas.

Poderia dar errado? Ainda pode. Mas se murchar o amor, e morrer, segue-se em frente.

A vida é longa para as pessoas desistirem no começo.

O ideal é sempre buscar sua realização. Sozinha, separada com filho ou neto. Não importa.

O que faz a gente sofrer é a ilusão. A Ilusão de que vai ser diferente com a gente ou quando se criam expectativas de que o outro tem que dar aquilo que queremos receber.

Se as pessoas conseguissem entender isso, sofreriam menos, seguiriam adiante com suas vidas e teriam momentos de mais felicidade e paz.

Rasgue a página

A moça chegou à igreja destruída e acabada por causa da separação. A vida dela era chorar e reclamar querendo que o marido voltasse. Uns dias dizia que o filho estava triste, no outro que a menina chorava, e um certo dia ela pediu uma oração anônima na igreja – queria uma opinião.

Sua carta dizia que, naquela manhã, em que ela estava ali na igreja, o marido ia em sua casa para pegar as coisas e dividir os bens. Estava triste e aflita por isso.

Terminei de ler o conteúdo da carta e respirei fundo. A primeira pergunta era: "Como você chama de marido uma pessoa que não te quer mais?".

E levantei a seguinte questão para a paróquia. Sem pudores, pedi às mulheres que fossem sinceras.

– Quem aqui quer conhecer esse cara que espera a ex-mulher ir na igreja e conta os talheres para levar embora metade para casa? Meia dúzia de garfo é meu e meia dúzia é seu? Você fica com o rodo e eu fico com a vassoura. Pare, ame-se, respeite-se. Você devia ter vergonha na cara. Seus filhos vão ter vergonha de você. Deveria chegar no espelho e dizer que tem vergonha. Esse cara não merece nem a si mesmo. Quer tudo de volta? Veja lá tudo que ele levou que eu faço uma campanha na igreja e a gente arrecada tudo.

A igreja aplaudiu. Todos ficaram em êxtase.

Depois de três meses, ela me escreveu novamente, agradecendo pelo choque de realidade que eu havia dado. Segundo ela, depois daquele dia, tinha acordado para a vida.

Uma outra senhora com duas filhas lindas sempre vinha se ajoelhar na igreja reclamando das traições do marido. Da sexta vez que isso aconteceu, olhei em seus olhos e disse enquanto ela se ajoelhava para receber a comunhão:

– Escuta, quando você vai dar dignidade para suas filhas? É esse o exemplo que você vai dar para a vida delas? Se você não se ama, faça por amor a elas. Quando elas estiverem dormindo na cama, olhe para elas e pense "eu quero isso para as minhas filhas?". Eu quero que seu próximo choro aqui seja de alegria.

O tempo passou, ela corajosamente se livrou do embuste do pai das suas filhas que a traia desavergonhadamente, e finalmente chorou de alegria, naquele mesmo altar, quando conheceu um outro homem, também divorciado, que tinha uma filha da idade das suas e queria uma relação séria.

Tudo tem solução. O que não soluciona nada é ajoelhar e chorar por uma pessoa que não vai mudar. Rasgue a página.

Esperança cor-de-rosa

Era outubro de 2015 quando ela se deu conta da alteração da aparência das mamas. Como se uma linha repuxasse de dentro para fora. Conforme os dias iam se passando, ela percebia que nada havia mudado e antecipou sua consulta.

Logo que o ginecologista a viu, pediu exames mais específicos, e revelou que poderia ser um câncer. Ela suou frio e viu seu corpo desfalecer na cadeira, de tanto medo e aflição pelo diagnóstico que ainda nem tinha recebido de fato.

No ultrassom, tudo indicava que era uma linha envolvendo um nódulo, e o médico pediu uma biópsia.

Enquanto esperava o desenrolar da história, ela não contara para ninguém o que tinha acontecido. Acreditava que o silêncio fosse capaz de anular aquilo tudo.

Como se aliviasse a tensão ao redor e a preocupação dos familiares.

No dia que fez a biópsia, contou para sua família e ficou apreensiva aguardando o resultado. Como seu médico estava de férias, marcou com o médico de sua mãe, já que era fim de ano e não queria passar o Natal agoniada à espera do resultado.

Quando entrou naquele consultório, fitou o médico que lhe dizia ao abrir o exame: – É câncer.

Sua mãe, que estava com ela naquele momento, sentiu o chão se abrir e parecia mais abalada do que ela própria. Precisavam ser fortes.

No entanto, ela se lembrou de que não só sua mãe, como sua avó, tiveram câncer de mama, e as duas haviam se curado.

Aquilo não soava como uma sentença de morte.

Ela não se lembra de como passou o Natal e o *Réveillon*, mas tentou não pensar no assunto.

Logo que voltou das festas, discutiu-se a retirada do nódulo e como aquilo iria acontecer. Ao mesmo tempo, encontraram outro nódulo na outra mama. Com as duas biópsias em mãos, ela se deu conta de que poderia ser mais uma vítima fatal, então, entrou em desespero. Seu mundo caiu. Com a mastectomia ela teria 95% de chances de cura. Na conversa, ficou pensativa, e mandou uma mensagem para o meu WhatsApp perguntando o que deveria fazer.

Imediatamente aconselhei a mastectomia.

– Concordo em acabar com qualquer possibilidade de ele voltar. Hoje a reconstituição de mamas é um sucesso. Deus lhe abençoe e conte com minhas orações.

Ela se dizia uma pessoa sem muita fé, e naquele momento contava com a minha. Foi assim que decidiu pela cirurgia.

Quando saiu do hospital, temia a quimioterapia. Sua mãe tinha certeza de que ela não precisaria, mas, mesmo assim, temia por antecipação.

Com o tempo, percebeu que tinha sido abençoada. Não precisou tirar os mamilos, não fez esvaziamento axilar, nem quimioterapia. Mas foram necessárias 25 sessões de radioterapia para que se recuperasse.

Em sua primeira consulta com a oncologista, ela soube que exercício físico valia como uma quimioterapia. E, assim, mudou seus hábitos. Era sedentária e passou a fazer ginástica cinco vezes por semana. Emagreceu e passou a ter uma disposição que não tinha antes.

E hoje está muito melhor do que antes do câncer.

Sua lição foi de que sempre soube que estar próximo aos que amava era importante, mas hoje faz de tudo para não perder nenhuma oportunidade. E nunca festejou tanto sua vida.

Em janeiro de 2017, ela fez a cirurgia de reconstrução, e sabe que terá uma vida inteira pela frente.

Apesar de tudo, ela acredita que o ano da recuperação foi o melhor ano de sua vida.

Anjo protetor

Ninguém duvida da força do amor existente entre irmãos. No entanto essa história mudou, de fato, minha percepção sobre a vida, o amor e os sentimentos, assim como mudou a dela.

O ano tinha acabado de começar e fazia muito calor. Talvez por isso ela resolveu ir direto para casa em vez de passar pela academia antes, como fazia todos os dias rotineiramente.

No caminho, sua mãe telefonou: queria que a encontrasse no supermercado. Mas ela não foi. Parecia, definitivamente, ter marcado um encontro com o destino.

Eles eram em três irmãos que estavam sempre unidos, mas ela, como irmã mais velha, sempre protegia o irmão mais novo por achar que era indefeso demais. Sua ligação com ele era dada por telepatia.Ninguém conseguia entender como conseguiam se comunicar por meio do olhar sem sequer trocar algumas palavras.

Naquele fim de tarde, ao chegar em casa, o ritual foi o mesmo de sempre. Desceu do carro, abriu o portão e foi inesperadamente abordada por um meliante.

Seu coração disparou quando viu a arma em suas mãos. Tudo que ele pedia era a bolsa e a chave do carro.

O tempo parou. Suava frio, mas não queria demonstrar pânico ou assustá-lo. Com movimentos cautelosos, entregou-lhe a bolsa e, naquele segundo, o tempo parou.

Do outro lado da praça, em frente à rua, seu irmão assistia à cena e corria em disparada para tentar deter o bandido. Alto, magro e veloz, ele chegou em uma fração de segundos. E antes que ela pudesse avisá-lo sobre a arma, ouviu o primeiro disparo.

Gritou. Desesperada, implorou que o bandido não fizesse aquilo.

Em vão.

Ele apontou a arma em sua direção e disparou mais uma vez.

Ele caiu para trás, sem sentidos, e ela gritava para que alguém viesse salvá-lo, embora soubesse intimamente que ele não sobreviveria.

Quando a polícia chegou, minutos depois, perceberam que ela também havia sido atingida por um disparo. E ela nem havia se dado conta disso, por causa do estado de choque ao ver seu irmão caído diante de si.

Os dois foram levados separadamente ao hospital, e seus pais chegaram em casa logo depois, impactados pela tragédia. Já nos corredores do hospital, consciente de tudo, ela gritava para que o tempo voltasse. Gritava para que o irmão aparecesse. E queria que o salvassem.

Mas ela também precisava de cuidados – e rápidos. A bala havia perfurado seu pulmão.

Só no dia seguinte soube da morte do irmão. Ainda estava na UTI recém-saída da cirurgia para a retirada da bala. Logo que soube, disparou a chorar e fixou o olhar num ponto no teto. Segundo ela, viu seu irmão, naquele momento, com seu rosto refletindo numa forma que parecia uma gota de água.

– Minha missão acabou. Eu te salvei. Agora você precisa continuar forte para cuidar do pai e da mãe.

E foi a partir dali que encontrou forças para fazer o que ele havia pedido. Em Deus, encontrou paz para suportar a dor e forças para cuidar da família, já que seus pais não conseguiam seguir adiante após aquele acontecimento tenebroso.

Quando perdemos alguém que amamos, um vazio toma conta do coração, e a vida parece não ter mais sentido. Mas aos poucos essa dor ameniza e vira saudade.

E com a saudade vem a consciência de que essa vida é uma passagem. E que ela só é eterna ao lado de Deus.

Quando entrou no curso Alpha, o curso da Vida, recuperou-se e potencializou sua fé e esperança, e ganhou a certeza de que Deus não abandona ninguém. Sua dor se transformou em amor e ampliou seu entendimento de que Deus só nos quer bem, e que cada um vai ao encontro d'Ele na hora determinada.

Hoje, recuperada e feliz, rodeada de familiares e amigos, tem em seu namorado um grande companheiro, e conta sua história com paz no coração. E, sempre que possível, repete aos que perguntam como se sentem:

– Tudo posso Naquele que me fortalece.

Fertilizando o amor

Era a primeira fertilização *in vitro* do casal, e já tiveram a maravilhosa notícia: estavam grávidos.

Logo, a nova descoberta os fez ainda mais felizes: eram gêmeos. Um menino e uma menina.

Estavam casados há dez anos, e nunca tinham feito sequer uma tentativa de engravidar. E tudo corria na mais perfeita harmonia.

Como as coisas pareciam perfeitas, após a aprovação dos médicos, viajou com sua mãe, a irmã e a sobrinha pequena para fazer o enxoval. Uma viagem "de meninas", como disseram, para celebrarem a boa notícia.

Até aí tudo corria na santa paz. Andava de cadeira de rodas, hidratava-se muito e fazia o possível para que a experiência fosse agradável.

No entanto, na segunda semana de viagem, sua bolsa furou e ela precisou ser levada às pressas para o hospital.

Seu coração não conseguia dar conta de tantas novidades: exames, perguntas, uma terra estrangeira, e uma notícia avassaladora: a UTI não conseguiria oferecer condições para bebês tão prematuros.

Foi então que a transferiram para um outro hospital onde entrou em trabalho de parto.

Seu marido conseguiu um voo para chegar a tempo, e ela tentava enfrentar todas aquelas novidades.

Era uma terça-feira. Segurou a gravidez e ficou sob monitoramento até a quinta-feira.

Quando se levantou para tomar banho, teve a queda do cordão umbilical, algo raro que ocorre em menos de 1% das gravidezes, e foi levada para uma cirurgia de emergência. Não se lembra de nada após isso – os procedimentos foram rápidos com o anestesista, e ela sequer ouviu o primeiro choro de seu filho.

Era seu sexto mês de gestação. O menino nascia com 930 gramas e a menina com 850. Os momentos de desespero eram tão grandes quanto os de oração. Após sete dias, fizeram o ultrassom cerebral e constataram que não havia nenhum dano.

Nunca amamentou seus bebês que receberam a graça do leite doado por outras mães. O estresse secou o seu.

E como planos sempre precisam ser ajustados, a viagem para o enxoval acabou sendo a grande aventura de sua vida. Ficaram hospedados num hotel próximo ao hospital e, depois de trinta dias, mudaram-se para uma casa alugada, também próxima de seus bebês que ainda estavam na UTI.

Dia após dia, o quadro mantinha-se estável, até que, numa determinada manhã, o nome de seu filho lhe veio à mente, e quase que imediatamente, ela recebeu uma ligação do hospital. Seus filhos tinham apresentado um quadro sério de enterocolite necrosante, conhecida como NEC. Em poucas palavras, eles estavam com uma lesão grave que ocorre no intestino. Distúrbio esse frequente em recém-nascidos muito prematuros.

A única instrução era que rezasse. E as horas não passavam.

Quando veio a segunda ligação, a surpresa: ele havia sobrevivido ao pior, mas teve algumas intercorrências intestinais e não sustentava a alimentação normal.

Os desafios foram grandes. No dia em que ele teve uma parada cardiorrespiratória em seus braços, ela saiu de si, mas percebeu que a fé a amparava em todos os momentos de dor e sofrimento.

Como o marido precisava voltar a São Paulo para trabalhar, ele passou a viver nessa ponte aérea de longa distância.

Ela ficou apreensiva, mas persistiu forte com as crianças internadas nos Estados Unidos.

Em uma dessas idas e vindas, após celebrarem juntos o aniversário do marido, a notícia chegou ao mesmo tempo que seu marido aterrissou em São Paulo: o menino precisava ser operado às pressas.

Foi nesse mesmo dia que a menina teve alta. Depois de 86 dias de UTI.

Ele enfrentou a cirurgia e, quinze dias depois, foi para casa.

Durante todo esse tempo, junto aos bebês, eles cantavam: "Segura na mão de Deus, pois ela te sustentará".

Uma de suas músicas preferidas até hoje.

Seis meses depois, ela desembarcou no Brasil. E chegou justamente no dia do seu quadragésimo aniversário. Não poderia haver maior presente.

Depois de recebê-los em casa, o pai e toda a família ficaram inundados de gratidão. Queriam retribuir de alguma forma o que Deus havia concedido a eles: a graça da vida, da cura, da alegria. E a maneira que pôde proporcionar isso foi trazendo alegria para as crianças da creche anglicana.

Por meio da empresa Styll Baby, doou mais de 800 bicicletas para cada uma das crianças da creche em dois Natais consecutivos.

De uma gratidão, nasceu a vontade de compartilhar. Da dor, nasceu um amor potente, capaz de transformar vidas, de levar alegria e de ofertar ao mundo um pouco daquilo que havia lhe sido dado.

Por inúmeras vezes, vamos nos defrontar com pântanos e ervas daninhas, mas se soubermos confiar, o tempo dissipa as trevas, fazendo brilhar a luz.

É preciso saber viver

Uma vez, estava na catedral fazendo as minhas orações, quando chegou uma moça chorando muito, em desespero.

Entramos, nos ajoelhamos diante do altar e, depois de soluçar até ecoar em todos os cantos da catedral, respeitei aquele silêncio até que sentisse segurança em contar o que a aborrecia.

Ela começou a falar, soltando todo aquele peso do coração, dizendo que sempre discutia com seu pai, quando saía para as festas sem hora para voltar. Ele ficava nervoso com o comportamento rebelde da filha desobediente e ela o enfrentava saindo ainda mais vezes.

Como era a única filha mulher, ele tinha uma preocupação maior com ela.

Mas, certo dia, ela engravidou precocemente.

O pai ficou muito chateado e aborrecido com a notícia; mas, depois do nascimento do neto, ele se alegrou com a criança bem-vinda naquela casa.

Ligado ao neto, ele lhe dava toda a atenção do mundo; no entanto, a jovem continuava a sair, querendo uma vida sem preocupações, longe da rotina de mãe.

Só que nem sempre conseguimos fugir das preocupações. Às vezes, elas nos atacam repentinamente em nosso ponto fraco. E o que ela menos esperava, aconteceu: seu pai adoeceu.

Levado às pressas ao hospital, ele foi diagnosticado com um câncer em estágio avançado. Como não havia o que fazer, ficou internado, num estado irreversível.

Ela estava inconsolável. Queria se reconciliar com o pai, mas estava sem condições físicas e emocionais para fazê-lo.

Concordei em fazer a visita ao seu lado para encorajá-la e, quando chegamos naquele hospital frio e silencioso, seu pai estava sentado, imóvel, debilitado e com o corpo magro, dando um aspecto doente que trazia uma certa amargura à filha.

Sem condições de dizer o que a levava ali, ela me deu a mão. E eu dei a mão ao seu pai, formando uma corrente de amor. Quando ela segurou firmemente a mão do pai, ele deixou escapar uma lágrima.

– Ela pede perdão – expliquei calmamente. – Ela sabe que o senhor estava certo e pede desculpas por tudo que fez, que te machucou e te magoou.

Ele soltou a mão da dela, olhou dentro de seus olhos, segurando seu rosto e sorriu.

– Filha, eu te amo tanto. Não guardo nenhuma mágoa. Não me lembro de mais nada do que fez. Não fique relembrando isso, você está perdoada. Cuida do meu neto e saiba que eu te amo demais.

Poucos dias depois, ele faleceu.

Ela estava triste, mas fortalecida com todo aquele amor.

O tempo se passou, foi curando as feridas abertas, e ela se casou.

No casamento, como é tradição que o pai leve a filha ao altar, ela pediu que a foto de seu pai fosse projetada no telão. E ela entrou olhando para ele e deixando todos os convidados emocionados e reflexivos.

De onde brotou o amor?

Ela ficou responsável, compreendeu que tinha que cuidar do filho e deixou a lição que temos de curtir as pessoas que amamos enquanto é possível estar ao lado delas.

Não sabemos o amanhã. E, enquanto vivermos, é preciso amar. É preciso se reconciliar. É preciso viver.

Voltando para casa

Nem sempre as pessoas se aproximam de Deus pela dor. Muitos acabam chegando até Ele por meio do amor. Quando percebem que encontraram forças para chegar onde chegaram, e sentem-se abençoados e compelidos a agradecer por tudo aquilo que foram capazes de realizar.

Muitas vezes não nos damos conta da força que temos até que analisemos nossa própria história.

Para este homem, que hoje mora no exterior e vive uma vida de abundância financeira com uma família unida, a vida nem sempre foi um mar de rosas.

Se vemos os contos de fadas nos filmes, é porque muitas vezes não imaginamos a realidade de quem atravessou verdadeiras tempestades para chegar ao topo.

Nascido numa família humilde, ele foi entregue aos avós paternos para ser criado até que completasse 4 anos.

Tinha valores rígidos herdados de sua família japonesa e, desde pequeno, fora acostumado a ajudar nos afazeres da casa. De suas lembranças dessa época, a mais tocante é molhar o pãozinho com margarina no café com leite de sua avó, que se deliciava vendo-o saborear aquela iguaria fantástica ao seu paladar, que, mesmo que estragasse o preparado da avó, enchia-a de amor.

E, aos 4 anos, voltou para sua família de origem. Seu pai e sua mãe, que moravam em outra cidade, passaram a cuidar do filho. Seu pai passava a semana trabalhando fora do estado e ele ficava com sua mãe, que não estava acostumada com a rotina de ter um filho pequeno.

Falando apenas o japonês, foi para a escola e se sentiu uma criança de outro mundo. Quando o sinal batia e todos iam embora, aguardava sua mãe, chorando, pois não sabia se ela apareceria para ir buscá-lo. Nervosa, ela chegava em casa, trancava todas as portas e enchia-lhe de tapas para que tivesse motivos reais para chorar.

Logo depois, ela partia para seus cursos, deixando-o sozinho, aos 4 anos de idade!

Desde pequeno foi acostumado a se virar. Tinha de se alimentar, brincar e dormir sozinho antes que a mãe voltasse. E via sua salvação no pai, que retornava às sextas-feiras e passava o fim de semana em casa.

Quando mudaram de cidade, ganhou uma irmã, e o tempo passou rápido demais. E chegou a hora de trabalhar. Adolescente, começou a trabalhar aos 14, e essa precocidade o acompanhou em todas as áreas da vida. Com 16 anos se apaixonou e engravidou sua namorada.

Apesar do susto, uniram-se e receberam a filha com todo o amor e carinho. Só que amor e carinho não enchiam barriga, e para que houvesse dinheiro em casa, ele teve de sair da cidade e trabalhar fora. Foi nessa época que vendia seu vale-transporte para ter dinheiro para pagar a escola da filha, e pegava duas marmitas no almoço para poder ter algo que comer no jantar.

Com as privações, conheceu a pior das dores, que era a de não poder comprar aquilo que sua filha pedia.

Foi num passeio ao mercado que entendeu que jamais ia querer ver os olhos de sua filha brilhando por um brinquedo que não podia dar. Com esse motor interno, despertou uma fé em si mesmo e encarou um novo desafio: como sua mãe se mudava para o Japão, teve de lidar com o fato de sua irmã, de apenas 12 anos, absolutamente revoltada, sair com traficantes. Ao mesmo tempo, seu pai tentava sair de uma depressão provocada pela ausência da esposa.

Com o passar do tempo, foi criando novos projetos para que sua irmã pudesse trabalhar, e encontrando novos caminhos, até que, em 2003, foi expatriado para a Holanda, e decidiu levar a esposa e a filha. Foi lá que cresceram como família. A esposa já estava formada, e tinha muita fé. Assim, queria levá-lo com ela na Igreja Anglicana.

Mesmo a contragosto, acompanhou-a, e quando retornaram ao Brasil, dois anos depois, ficou novamente sem o amparo de uma religião.

Até que, quando se mudou para São Paulo, visitou a Catedral Anglicana. E sentiu-se como se tivesse retornado para casa.

Pela primeira vez sentiu paz e a presença de Deus e ficou emocionado com a música que tocava.

Agora, eu tive o melhor momento da minha vida;
não, eu nunca me senti assim antes.
Sim, eu juro é verdade,
e eu devo tudo a você.

Pois eu tive os melhores momentos da minha vida,
e eu devo isso a você.
Estou esperando há muito tempo.
Finalmente encontrei alguém
que fique ao meu lado.

Sem conseguir conter as lágrimas, ele ficou ali, emocionado, agradecendo enquanto a música "Faz um milagre em mim" ecoava pela catedral. Primeiro agradeceu à ela a vida, e depois tudo que tinha enfrentado.

Hoje, frequentador assíduo da catedral, ele apenas agradece. Pelas conquistas que teve, por toda a força que o fez crescer, pela prosperidade em suas empresas, por sua família, sua saúde e principalmente encontro com Deus.

Porque, mesmo tendo tudo que o dinheiro pode comprar, até aquele dia, sentia um vazio que nada podia suprir. E só entendeu que esse vazio só podia ser preenchido por Deus quando se tornou seu servo, dentro de Sua casa. Agradecendo pela oportunidade de estar vivo.

E você, já agradeceu hoje por Deus estar em sua vida?

O lado bom da vida

Ele era um grande executivo de uma das maiores companhias do mundo, vencedor, com dinheiro, viagens, carro, casa e amigos – pelo menos achava que todos eram amigos.

Mas a doença chegou. Com ela, a traição dos amigos, a mentira de pessoas que estavam ao seu lado e em que confiava. E então, repentinamente vem um câncer, que ele enfrenta com bravura e o vence.

Dois anos depois o câncer volta novamente, e ele vai enfrentando, durante vinte anos, esse inimigo oculto e tão conhecido de muitos de nós.

Chegou a ir para os Estados Unidos, e gastou todas as suas economias no tratamento.

Vinte anos lutando contra o câncer, descobriu que existe uma doença pior: amigos que o traíram e puxaram seu tapete jogando-o no chão. Pior que a quimioterapia foi enfrentar as mentiras da vida.

Quando ele me perguntava se existia um lado bom da vida quando se tem 40 anos de idade; um câncer, recorrente por quatro vezes; a falta de um emprego; a traição dos amigos; a falta do dinheiro, que foi fruto do suor e esforço de anos de trabalho; ainda se sentindo órfão de mãe, que o abandonou quando criança; eu dizia que sim.

Muitos, em um cenário como esse, pensariam em suicídio, drogas ou ficariam revoltados. Mas ele buscou a fé como comprimido para suas dores. E na esperança encontrou a paz.

Quando percebeu que Jesus era seu guia, foi simples enfrentar todos os seus obstáculos. Quando se deu conta de que o Pai sempre o amparava, os momentos de humilhação e tristeza foram aliviados. E sentiu que Deus operava milagres em sua vida.

Para que olhar para o copo meio vazio quando podemos agradecer o copo meio cheio? Dessa forma, em vez de lamentar-se da ausência da mãe, ele focava no pai, que tanto o amava e dava base e sustentação para que vivesse.

Para que focar na traição se Deus havia colocado em seu caminho uma pessoa doce, amiga e companheira?

Para que serviriam amigos fúteis se quando estava no leito do hospital, sem nenhum valor como profissional, nenhum deles aparecia?

Por que se preocupar com dinheiro, se as oportunidades podiam se renovar diariamente?

Para Deus, basta ter fé, orar e lembrar o quanto somos valiosos perante Cristo. Nunca estaremos sozinhos.

Se foi fácil conviver durante vinte anos com uma doença silenciosa, que atrapalha seus planos de vida, mutila partes do seu corpo e delimita funções? Claro que não.

Revolta? Tristeza? Sentiu muitas vezes. Como ser humano, sentiu todas as dores, mas aprendeu com todas elas, e hoje valoriza cada minuto da vida e acredita que a força que Jesus nos dá para ultrapassar os desafios e as dificuldades e entendermos nossas limitações é o que o ergue quando cai.

Tudo que nos move é a fé. Deus sempre nos reserva algo melhor, e no dia que batizei sua filha, depois de toda essa jornada, ele me agradeceu.

E eu disse que quem agradecia era eu. Por um dos maiores exemplos de fé e perseverança que já tinha conhecido em toda a minha vida.

Me sinto abençoado por poder presenciar diariamente tantas histórias de fé. E espero que esse livro seja a lanterna que ilumine suas noites escuras. Seja a prova de que Deus está sempre olhando por nós. E tenho certeza que, qualquer que seja o seu momento atual, você vai encontrar, na fé, uma semente que fará brotar o amor na sua vida.

Todas as histórias carregam milagres. Que este livro o inspire e o motive a conduzir a sua própria história.

E, como sempre digo, acreditemos que "Tudo posso, Naquele que me fortalece" (Filipenses 4:13)